팩트체크의 힘

팩트체크의 힘

AI와 함께하는 최적의 기사 작성

심재훈 지음

좋은땅

프롤로그

진실을 좇는 길 위에서

진실을 향한 여정, 흔들리는 시대의 나침반이 되다

정보의 홍수 속에서 우리는 끊임없이 질문에 직면한다. "이것이 진실인가?", "저것은 사실인가?" 거짓 정보는 진실보다 빠르게 퍼지고, 감정적인 선동은 사실을 압도하며, 알고리즘은 우리가 보고 싶은 것만을 보여 주며 확증 편향을 부추긴다. 이러한 현실 속에서 우리는 진실을 어떻게 찾아야 할까? 그리고 언론은, 기자는 어떤 역할을 해야 할까?

이 책은 바로 그 질문에 대한 답을 찾아가는 여정이다. 언론의 존재 이유이자 스스로를 감시하는 저널리즘의 양심, 바로 팩트체크에 대한 이야기다. 팩트체크는 단순히 몇 가지 사실을 확인하는 과정을 넘어, 우리가 발 딛고 선 민주주의의 토대를 지키는 행위다.

팩트체크, 왜 지금 더 중요할까?

기자들에게 팩트체크는 숙명과도 같다. "이 발언은 정말 사실인가?", "이 수치는 왜곡된 것은 아닌가?", "이 기사의 문장이 독자에게 사실을 제대로 전달하고 있는가?" 이 질문들은 매일 그들을 따라다닌다. 사실 관계를 검증하는 과정은 결코 쉽지 않다. 끊임없이 취재하고, 수치를 분석하고, 출처를 확인하며, 때로는 기존 보도까지 바로잡아야 한다. 이 모든 고통스럽고 번거로운 과정을 거쳐야만 팩트체크는 신뢰를 얻을 수 있다. 하지만 이 번거로움이야말로 진실을 향한 굳건한 의지의 표현이며, 언론의 가장 강력한 무기가 된다.

최근 우리는 유례없는 정보의 파고 속에서 살고 있다. 가짜뉴스는 물론, SNS를 통한 유언비어, 심지어 유튜브를 통한 가짜 영상까지 무분별하게 확산되고 있다. 이러한 시대에 팩트체크는 단순히 기자의 업무를 넘어, 우리 모두가 함께 지켜야 할 진실의 방패가 되어야 한다. 우리가 좇는 진실은 때로는 늦게 도착할 수도 있다. 하지만 결코 도착하지 않는 법은 없다. 진실을 전달하는 언론과 기자, 그리고 진실을 추구하는 독자들이 함께 만들어 가는 건강한 공론장이야말로 우리가 지켜야 할 민주주의의 핵심이기 때문이다.

진실을 향한 고통스러운 탐구: 팩트체크의 본질

팩트체크는 단순한 사실 확인을 넘어선다. 그것은 마치 미로 속에서 출구를 찾는 탐험과도 같다. 하나의 정보가 진실인지 거짓인지 판별하기 위해 기자는 여러 갈래의 길을 탐색한다. 때로는 복잡한 데이터의 바다를 헤치고, 때로는 서로 다른 주장이 첨예하게 대립하는 현장으로 뛰어든다. 그 과정에서 수없이 많은 벽에 부딪히고, 예상치 못한 난관에 봉착하기도 한다.

예를 들어, 특정 정책이 미칠 경제적 효과에 대한 주장을 팩트체크한다고 가정해 보자. 기자는 해당 주장의 근거가 되는 데이터를 찾아야 한다. 이 데이터가 어떤 기관에서 생산되었는지, 어떤 방식으로 수집되었는지, 그리고 혹시 특정 목적을 위해 가공되지는 않았는지 꼼꼼히 확인해야 한다. 전문가들의 의견을 청취하고, 과거 유사한 사례들을 분석하며, 필요하다면 관련 정책의 입안 과정까지 파고들어 진의를 파악한다. 이 모든 과정은 시간과 노력이 엄청나게 소요되며, 때로는 심각한 오류를 발견하고 기존의 통념을 뒤엎어야 하는 고통스러운 선택에 직면하기도 한다.

이처럼 팩트체크는 단순히 기사를 쓰고 보도하는 행위를 넘어선다. 그것은 끊임없이 자신을 의심하고, 끊임없이 진실에 대한 확신을 찾아 헤매는 자기 성찰의 과정이다. 언론의 신뢰는 이 고통스러운 탐구의 결과물이다. 대중은 팩트체크를 통해 검증된 정보를 신뢰하고, 그 신뢰가 쌓여 언론의 권위가 된다.

AI, 팩트체크의 새로운 지평을 열다

이 책은 팩트체크의 정의부터 발전 추세, 실제 적용 사례까지 폭넓게 다룬다. 특히, AI 시대에 접목된 팩트체크 기사의 발전 가능성과 한계에 집중하며, AI가 팩트체크에 어떤 혁신을 가져올 수 있는지 심도 있게 논한다.

인공지능은 팩트체크의 효율성을 극대화할 수 있는 강력한 도구다. 과거 수십 명의 인력이 달라붙어 수집해야 했던 방대한 자료들을 AI는 짧은 시간 안에 찾아낼 수 있다. 예를 들어, 특정 정치인의 과거 발언들을 모두 찾아내거나, 특정 기업의 재무제표를 분석하여 허위 정보를 가려내는 작업 등은 AI의 도움으로 훨씬 빠르게 이루어질 수 있다. AI는 방대한 양의 텍스트와 데이터를 순식간에 분석하여 패턴을 찾아내고, 인간이 놓칠 수 있는 미묘한 불일치를 감지한다. 이는 정보의 검증 속도를 획기적으로 높여, 가짜뉴스가 확산되는 속도에 맞서 진실을 빠르게 알리는 데 결정적인 역할을 할 수 있다.

물론 AI 역시 출처를 재검증하는 과정이 필수적이다. AI는 데이터를 분석하고 패턴을 찾아내지만, 그 데이터 자체가 조작되었을 가능성도 배제할 수 없기 때문이다. 따라서 AI의 결과물은 인간 기자의 비판적인 사고와 결합될 때 비로소 진정한 힘을 발휘한다. AI는 인간 기자의 눈과 귀가 되어주되, 최종적인 판단은 여전히 인간의 몫이라는 것을 이 책은 강조한다. 이 책은 AI를 활용하여 팩트체크를 할 수 있는 다양한 방법들을 구체적으로 소개하며, 최첨단 기술이 어떻게 진실을 향한 우리의 노력을 도울 수 있는지 보여 준다.

진실의 방패를 함께 들다: 모두의 팩트체크

이 책은 팩트체크가 더 이상 기자들만의 영역이 아님을 역설한다. 정보의 생산과 유통이 개인의 손에 쥐어진 디지털 시대에는, 독자 역시 정보의 수용자를 넘어선다. 우리는 이제 정보의 생산자이자 유통자로서의 역할을 겸하고 있다. 따라서 우리 모두가 팩트체크의 주체가 되어야 한다. 우리는 스스로 정보를 비판적으로 분석하고, 출처를 확인하며, 논리적인 사고를 통해 진실을 분별하는 능력을 길러야 한다.

이 책은 독자들이 일상생활에서 쉽게 적용할 수 있는 팩트체크 방법들을 제시한다. 소셜 미디어에서 접하는 정보는 어떻게 의심해야 하는지, 이미지나 영상이 조작되었을 가능성은 어떻게 판단해야 하는지 등 구체적인 가이드를 제공한다. 또한, AI 기술을 일반인들도 쉽게 활용하여 정보를 검증할 수 있는 방안들을 소개함으로써, 팩트체크의 문턱을 낮추는 데 기여한다.

이 책은 디지털 시대를 맞아 언론과 AI가 결합된 팩트체크가 어떤 강력한 힘을 발휘할 수 있는지에 대한 해답을 제시한다. AI라는 최첨단 도구를 활용하되, 기존의 꼼꼼한 검증 과정을 곁들인다면 우리는 확증 편향의 덫에 빠지지 않고 현안의 진실에 한 걸음 더 다가설 수 있을 것이다.

팩트체크는 단순히 거짓 정보를 가려 내는 행위를 넘어, 건강한 공론장을 만들고 민주주의를 지키는 핵심적인 역할을 수행한다. 언론과 AI가 함께 만들어가는 팩트체크는 사회 전반의 신뢰를 높이고, 우리 모두가 진실을 바탕으로 합리적인 의사 결정을 내릴 수 있도록 돕는 강력한 도구가 될 것이다. 과연 언론과 AI가 만들어 낼 팩트체크의 미래는 어떤 모습일까? 그리고 그 속에서 우리는 어떻게 진실을 가려 내고, 더 나아가 건강한 사회를 만들어 갈 수 있을까? 이 책이 그 궁금증을 해결하고, 진실을 좇는 길 위에서 당신의 든든한 나침반이 되어 줄 것이다.

목차

3

언론사 AI 활용 팩트체크 매뉴얼

4

팩트체크 관련 AI 프롬프트 활용

5

AI 활용한 팩트체크 제목 최적화 전략

1

팩트체크란 무엇인가

팩트체크의 정의와 철학:
진실을 향한 견고한 토대

팩트체크(Fact-checking)라는 용어는 듣는 순간 거대한 담론이나 매우 어려운 개념처럼 느껴질 수 있다. 하지만 그 본질을 들여다보면 결코 복잡하지 않다. 팩트체크는 용어 그대로 '사실인지 검증한다'는 의미를 담고 있다. 즉, 어떤 사안이나 주장이 있을 때 그것이 사실인지, 아니면 거짓인지를 판별하는 과정이다. 이러한 검증의 필요성은 비단 언론에만 국한되지 않으며, 모든 사회 현상에 적용될 수 있다.

팩트체크의 탄생과 발전: 언론의 숙명이 되다

팩트체크라는 용어가 공식적으로 사용되기 시작한 것은 20세기 초 미국 언론사에서였다. 당시 언론은 점차 영향력을 확대하면서, 기사의 정확성을 확보하기 위한 내부적인 노력을 기울이기 시작했다. 그러나 현대적 의미의 팩트체크는 2000년대 이후 디지털 정보의 확산과 함께 더욱 중요성이 부각되었다. 특히 정치권을 감시하고, 온라인상에 범람하는 허위 정보에 대응하는 핵심 도구로 그 의미가 발전했다.

오늘날 팩트체크는 공적 주장에 대해 사실 여부를 검증하고, 그 결과를 독립적이고 객관적인 기준에 따라 독자에게 제공하는 저널리즘의 한 방식으로 정의된다. 여기서 핵심은 팩트체크의 대상이 '주관적 의견'이 아니라, 확인 가능한 '사실 주장'이라는 점이다.

개인의 감정이나 신념, 혹은 미래에 대한 예측은 팩트체크의 직접적인 대상이 될 수 없다. 예를 들어, "정부는 국민을 전혀 배려하지 않는다"는 주장은 개인의 의견이므로 팩트체크의 대상이 될 수 없지만, "한국의 출산율은 세계 최하위다"와 같은 수치나 통계에 기반한 주장은 명확한 사실 검증이 가능하다. 팩트체크는 주로 뉴스 보도, 소셜 미디어 게시물, 정치인의 발언, 광고 문구 등 대중에게 공개적으로 제기되는 주장들이 사실인지 여부를 확인하는 데 사용된다.

디지털 시대, 팩트체크의 새로운 역할과 언론의 신뢰 회복

디지털 시대에 팩트체크는 단순한 '사실 확인' 이상의 기능을 한다. 정보의 양이 폭발적으로 증가하고, 정보의 생산 및 유통 경로가 다변화되면서 진실과 거짓을 구분하기가 더욱 어려워졌다. 이러한 환경에서 팩트체크는 넘쳐나는 정보 속에서 사실 여부를 가려내는 데 결정적인 도움을 준다. 더 나아가, 팩트체크는 언론이 '진실만을 보도한다'는 이미지를 구축하고, 이를 통해 언론 자신의 신뢰를 회복하는 데 크게 기여한다.

특히 정치, 과학, 경제 분야의 핵심 발언이나 보도는 우리 사회에 직접적인 영향을 미치기 때문에, 체계적이고 확실한 검증이 필수적이다. 예를 들어, 잘못된 경제 지표는 기업의 투자 결정이나 국민의 소비 행태에 영향을 미칠 수 있고, 허위 과학 정보는 공중 보건에 심각한 위협이 될 수 있다. 정치인의 허위 발언은 유권자의 올바른 판단을 흐리게 하여 민주주의의 근간을 흔들 수도 있다. 따라서 이러한 분야의 정보에 대한 팩트체크는 단순한 오보 정정을 넘어선, 사회의 안녕과 발전을 위한 필수적인 활동이다.

팩트체크의 중요성과 원칙: 혼돈의 시대, 진실의 나침반

정보가 홍수처럼 쏟아지는 현대 사회에서 팩트체크는 단순한 유행어를 넘어섰다. 이는 우리가 접하는 수많은 정보 속에서 진실을 가려내고, 올바른 판단을 내릴 수 있도록 돕는 필수적인 과정이다. 팩트체크의 개념과 그 중요성, 그리고 지켜야 할 원칙들을 자세히 살펴보자.

팩트체크의 개념: 주장을 검증하고 진실을 밝히는 활동

팩트체크는 특정 주장이나 정보가 사실인지 아닌지를 검토하고 확인하는 활동이다. 이는 우리가 일상에서 접하는 수많은 주장들, 예를 들어 정치인의 연설, 기업의 발표 자료, 소셜 미디어의 게시물, 뉴스 기사의 내용 등을 대상으로 한다. 이 과정은 주로 데이터, 통계, 전문가 의견, 공식 문서와 같은 객관적이고 신뢰할 수 있는 자료들을 바탕으로 이루어진다.

팩트체크는 단순히 "맞다" 또는 "틀리다"로 결론 내리는 것을 넘어선다. 이는 주장을 명확히 정의하고, 관련된 증거를 수집하며, 이를 분석하여 결론을 도출하는 일련의 체계적인 과정을 포함한다. 이 과정에서 다양한 출처를 참고하는 것은 물론, 필요시 해당 분야의 전문가에게 자문을 구하는 것도 매우 중요하다.

예를 들어, 기후 변화에 대한 주장을 검증할 때는 관련 과학 논문과 전문가들의 연구 결과를 종합적으로 검토해야 한다. 또한, 하나의 정보가 여러 가지 의미로 해석될 수 있는 경우, 팩트체커는 가장 정확하고 오해의 소지가 적은 방식으로 정보를 전달해야 한다. 팩트체크는 단순히 사실을 확인하는 것을 넘어, 정보의 맥락과 의도까지 파악하여 대중에게 투명하게 제시하는 정교한 작업이다.

정보의 정확성 확보: 팩트체크의 가장 기본적인 역할은 잘못된 정보나 허위 주장을 바로잡아 독자에게 정확한 정보를 제공하는 것이다. 정보의 신뢰성은 대중이 올바른 결정을 내리는 데 핵심적인 요소다. 예를 들어, 코로나19 팬데믹 당시 잘못된 치료법이나 예방책에 대한 허위 정보는 사람들의 생명과 건강에 직접적인 위협이 되었다. 팩트체크는 이러한 잘못된 정보가 확산되는 것을 막고, 과학적이고 검증된 정보를 제공함으로써 사회 구성원들이 합리적인 선택을 할 수 있도록 돕는다.

허위 정보 확산 방지: 소셜 미디어와 인터넷의 발달은 정보의 확산을 가속화했지만, 동시에 가짜 뉴스와 같은 허위 정보가 급속도로 퍼지는 통로가 되었다. 팩트체크는 이러한 허위 정보를 식별하고, 그 확산을 막는 데 결정적인 기여를 한다. 허위 정보는 개인의 명예를 훼손하고, 기업의 이미지를 실추시키며, 국가 안보에까지 영향을 미칠 수 있다. 팩트체크 기관들은 이러한 허위 정보의 네트워크를 파악해 이를 대중에게 투명하게 공개함으로써 허위 정보의 생명력을 단축시키는 역할을 한다.

팩트체크의 주요 원칙: 진실을 향한 엄격한 기준

팩트체크가 신뢰성을 얻기 위해서는 명확하고 엄격한 원칙들이 지켜져야 한다. 이러한 원칙들은 팩트체커가 편향되지 않고 객관적으로 진실을 추구할 수 있는 길을 제시한다.

검증 가능성: 팩트체크의 대상은 수치, 인용, 역사적 사실 등 명확하게 확인 가능한 주장에 한정되어야 한다. 개인의 감정, 예측, 혹은 추상적인 의견은 팩트체크의 대상이 될 수 없다. 예를 들어, “최근 5년간 특정 지역의 범죄율이 10% 증가했다”는 주장은 통계 자료를 통해 검증 가능하지만, “그 지역은 살기 좋은 곳이 아니다”라는 주장은 개인의 의

견이므로 팩트체크 대상이 아니다. 검증 가능성은 팩트체크의 객관성과 신뢰성을 담보하는 첫 번째 원칙이다.

출처의 투명성: 팩트체크의 모든 근거는 신뢰 가능한 공개 자료로 제시되어야 한다. 사용된 데이터, 인용된 전문가의 발언, 참조된 공식 문서 등이 명확하게 밝혀져야 독자들이 팩트체크의 결론에 대한 신뢰를 가질 수 있다. '카더라 통신'이나 익명의 출처는 팩트체크의 근거가 될 수 없다. 또한, 출처를 제시할 때에도 원본 자료의 링크나 구체적인 출처 정보를 명시하여 독자가 직접 확인하고 교차 검증할 수 있도록 해야 한다.

정치적 중립성: 팩트체크는 특정 정당이나 이념에 관계없이 동일한 기준과 방식으로 적용되어야 한다. 팩트체커는 자신의 정치적 견해나 개인적인 편향을 배제하고, 오직 사실만을 기준으로 판단해야 한다. 여당의 발언이든 야당의 발언이든, 보수 진영의 주장이든 진보 진영의 주장이든, 팩트체크의 잣대는 언제나 동일해야 한다. 정치적 중립성은 팩트체크가 특정 세력의 도구가 아닌, 순수한 진실 추구의 활동으로 인정받기 위한 핵심적인 원칙이다.

주요국 미디어의 팩트체크 방식:
글로벌 표준과 각국의 특성

정보의 홍수 속에서 허위 정보의 확산은 전 세계적인 문제로 대두되었다. 이에 대응하여 미국을 비롯한 주요국 미디어들은 팩트체크 부서를 강화하고 다양한 방식으로 진실을 검증하는 노력을 기울이고 있다. 이러한 노력들은 몇 가지 공통 원칙을 공유하면서도 각국의 미디어 환경과 저널리즘 문화에 따라 독특한 특징을 보인다.

출처의 다양성 및 교차검증: 팩트체크의 핵심은 신뢰할 수 있는 정보를 바탕으로 진실을 확인하는 것이다. 이를 위해 언론사들은 정부기관의 공식 문서, 학계의 연구 논문, 국제 기구의 통계 자료, 그리고 독립적인 팩트체크 기관의 보고서 등 다양한 출처를 활용하여 정보를 확인하고 교차 검증한다. 하나의 출처에만 의존하는 것을 피하고, 여러 독립적인 출처를 통해 사실 관계를 재확인함으로써 오류 가능성을 최소화한다.

투명한 절차와 실시간 업데이트: 팩트체크의 신뢰성을 높이기 위해 언론사들은 검증 과정과 오류 발생 시의 수정 절차를 투명하게 공개한다. 이는 독자들이 팩트체크의 공정성을 신뢰하고, 혹시라도 발생할 수 있는 오류에 대해 언론사가 책임감을 가지고 대응함을 보여주는 방식이다. 특히 디지털 시대에는 정보의 확산 속도가 빠르므로, 오류 발생 시 즉각적인 수정과 검증 결과의 실시간 업데이트를 통해 독자의 신뢰를 유지하려는 노력을 기울인다.

전문가 및 독립 기관과의 협업: 언론사 자체 팩트체크 부서의 역량만으로는 모든 복잡한 사안을 완벽하게 검증하기 어렵다. 따라서 많은 미디어는 해당 분야의 외부 전문가와 협력하거나, 독립적인 팩트체크 기관과 협력하여 객관적인 검증 결과를 도출한다. 이는 팩트체크의 전문성을 높이고, 언론사 내부의 편향성 논란을 줄이는 데 기여한다.

디지털 도구 활용: 정보의 양이 폭발적으로 증가하는 현대 사회에서 팩트체크의 효율성을 높이기 위해 디지털 도구 활용은 필수적이다. 데이터 시각화 도구를 통해 복잡한 통계 정보를 이해하기 쉽게 전달하고, 자동화된 분석 도구 및 인공지능(AI) 기술을 통해 방대한 양의 정보를 신속하게 처리하고 분석한다. 이는 팩트체크의 속도를 높이고,

인간이 놓칠 수 있는 미세한 오류나 패턴을 감지하는 데 도움을 준다.

다양한 평가 등급 체계: 팩트체크 결과는 독자들이 쉽게 이해할 수 있도록 명확하게 제시되어야 한다. 이를 위해 언론사들은 '참', '부분 참', '거짓', '판단 불가' 등의 다양한 등급 체계를 도입하여 주장의 허위 정도를 시각적으로 또는 명확한 서술로 제공한다. 이러한 등급 체계는 독자들이 정보의 신뢰도를 한눈에 파악할 수 있도록 돕는다.

주요국의 팩트체크 방식: 심층 분석

1. 미국

미국은 팩트체크 저널리즘의 선두 주자이자 가장 활발하게 팩트체크 활동이 이루어지는 국가 중 하나다. 정치적 양극화와 정보의 파편화가 심화되면서, 사실 검증의 중요성이 더욱 부각되고 있다.

뉴욕타임스(The New York Times)

운영 방식: 뉴욕타임스는 정치, 경제, 사회 등 주요 이슈에 대해 자체 편집팀 내에서 팩트체크 기능을 강화하고 있다. 특히 심층 보도나 탐사 보도와 같이 중요한 기사의 경우, 전담 팩트체크 편집자가 직접 특

정 주장을 검증하거나, 기사 전체의 사실 관계를 세밀하게 검토하는 시스템을 갖추고 있다. 이들은 '오류 정정 정책(Correction Policy)'을 통해 독자에게 사실 관계를 명확하게 전달하며 신뢰를 구축한다.

워싱턴포스트(The Washington Post)

운영 방식: 워싱턴포스트는 특히 정치인의 발언에 대한 팩트체크로 유명한 'Fact Checker' 코너를 운영하고 있다. 기자들은 취재한 내용을 뒷받침할 수 있는 신뢰할 수 있는 출처를 확보하고, 이를 바탕으로 사실 관계를 확인한다. 복수의 출처를 통해 교차 검증하는 것을 원칙으로 하며, 편집자들은 기사의 내용이 정확하고 객관적인지 꼼꼼하게 검토하고 의문이 드는 부분은 기자에게 추가 취재나 자료 확인을 요구한다.

데이터 저널리즘: 워싱턴포스트는 데이터 분석을 통해 사실을 검증하는 데이터 저널리즘 팀을 적극적으로 운영한다. 복잡한 데이터 속에서 숨겨진 사실을 밝혀내고, 이를 인포그래픽이나 인터랙티브 지도와 같은 시각적인 형태로 제작하여 독자들의 이해를 돕는다. 이는 단순한 텍스트 기반의 팩트체크를 넘어, 시각적인 증거를 통해 주장의 진위를 명확히 보여 주는 방식이다.

Fact Checker 코너: 'Fact Checker' 팀은 정치인들의 연설, 인터뷰, 소셜 미디어 게시물 등에서 사실과 다른 주장을 찾아내 검증한다. 이들은 특히 '피노키오 지수'를 활용하여 주장의 허위 정도에 따라 '피노키오' 개수로 등급을 매겨 시각적으로 보여 주는 독특한 방식을 사용한다. 4

개의 피노키오는 명백한 거짓을 의미하며, 이는 독자들이 주장의 신뢰도를 직관적으로 파악할 수 있도록 돕는다.

2. 영국

영국 미디어 역시 팩트체크의 중요성을 인지하고 다양한 방식으로 허위 정보에 대응하고 있다. 공영방송 BBC를 중심으로 독립적인 팩트체크 활동이 활발하게 이루어진다.

BBC

운영 방식: BBC는 'Reality Check'와 같은 팩트체크 코너를 운영하여 정치적 주장, 사회적 이슈, 공중 보건 관련 정보 등에 대해 면밀한 검증을 실시한다. 이들은 방송과 온라인 플랫폼을 통해 검증 결과를 제공하며, 대중의 이해를 돕기 위해 쉽고 명확한 언어를 사용한다.

특징: BBC는 다수의 내부 편집자와 기자가 협업하여 팩트체크를 수행한다. 특히 선거 기간이나 주요 정치 발언, 혹은 대형 공적 사건에 대해서는 즉각적인 업데이트와 심층 분석을 제공하여 대중이 혼란스러워하지 않도록 돕는다. 공영방송으로서의 신뢰성을 유지하기 위해 엄격한 중립성을 지키려 노력한다.

The Guardian

운영 방식: 가디언은 팩트체크를 별도의 편집 코너로 운영하며, 잘못된 정보 또는 오해의 소지가 있는 보도를 바로잡기 위한 교정 기사를 적극적으로 발행한다. 이는 언론의 자기 정화 능력을 보여 주는 중요한 방식이다.

협업: 가디언은 영국의 독립 팩트체크 기관인 Full Fact와도 긴밀히 협력하여 검증 과정을 보완한다. Full Fact는 자발적인 기부금으로 운영되는 비영리 단체로, 정치인의 발언과 언론 보도를 독립적으로 검증하며 영국의 팩트체크 생태계에 중요한 역할을 한다. 언론사와 독립 기관의 협력은 팩트체크의 객관성과 신뢰성을 더욱 높이는 효과를 가져온다.

3. 프랑스

프랑스 미디어는 전통적으로 심층 보도와 분석을 중시하는 경향이 있으며, 팩트체크 역시 이러한 저널리즘 문화와 결합되어 발전하고 있다.

Le Monde - Les Décodeurs

운영 방식: 프랑스의 대표적인 일간지 르 몽드(Le Monde)는 'Les Décodeurs' 팀을 운영한다. 이 팀은 복잡한 정보와 통계를 일반 독자들이 쉽게 이해할 수 있도록 풀어 설명하며, 논란이 되는 주장에 대해 체계적인 검증을 수행한다. 그들은 단순한 사실 확인을 넘어, 정보의 맥

락과 배경까지 깊이 있게 분석한다.

특징: 'Les Décodeurs' 팀은 세부 주제별로 팀을 구성하여 특정 이슈(예: 기후 변화, 경제 정책, 보건 등)에 관한 심도 있는 조사와 분석을 진행한다. 이는 해당 분야에 대한 전문성을 높이고, 보다 정교한 팩트체크를 가능하게 한다.

AFP Fact Check

운영 방식: 프랑스의 대표적인 국제 통신사인 AFP(Agence France-Presse)는 국제 뉴스 보도와 더불어 팩트체크 전담 부서를 운영한다. 이들은 전 세계적으로 빠르게 확산되는 허위 정보나 루머를 신속히 확인하고 보도하는 데 집중한다.

협업: AFP Fact Check는 국제 팩트체크 네트워크(IFCN)와 긴밀히 협력하여 글로벌 기준에 부합하는 검증 체계를 구축하고, 전 세계적으로 허위 정보에 대응하는 데 기여한다. IFCN은 팩트체크 기관의 독립성과 투명성을 보장하는 기준을 제시하고, 전 세계 팩트체커들 간의 협력을 도모한다.

4. 일본

일본은 미국이나 영국처럼 독립적인 팩트체크 부서가 체계적으로 운영되는 미디어는 아직 많지 않지만, 주요 언론사들은 자체적인 노력을 통해 팩트체크 기능을 강화하고 있다.

NHK 및 주요 일간지(예: 아사히신문, 요미우리신문)

운영 방식: NHK와 아사히신문, 요미우리신문 같은 일본의 주요 언론사들은 대체로 자체 편집팀 내에서 팩트체크 기능을 강화하는 방식으로 운영된다. 별도의 대규모 전담 부서보다는 각 부서의 기자와 편집자들이 취재 및 편집 과정에서 사실 확인에 더 많은 노력을 기울이는 방식이다.

특징: 일본 언론은 보도 후 오류 정정과 독자 피드백을 통한 지속적인 검증 및 보완 과정을 중요시한다. 독자들로부터 제보된 오류나 의혹에 대해 적극적으로 대응하고, 필요시 정정 보도를 통해 투명성을 확보한다. 이는 일본 사회의 '공신력'과 '책임감'을 중시하는 문화적 특성과도 연결된다.

전 세계 주요 통신사 팩트체크 현황: 뉴스 도매상의 신뢰 경쟁 심화

뉴스의 '도매상'이라 불리는 통신사들은 전 세계 언론 생태계의 최전선에서 사실을 생산하고 공급하는 핵심적인 역할을 수행한다. 이들에게 팩트체크는 단순한 편집 과정이 아닌, 존재 이유이자 핵심 경쟁력이며 신뢰의 기반이다.

특히 스트레이트 기사가 주력인 통신사의 경우, 한 번의 오보는 전 세계 수많은 매체로 확산되어 돌이킬 수 없는 파장을 일으킬 수 있다. 따라서 AP(Associated Press)를 포함한 세계 주요 통신사들은 팩트체크의 중요성을 깊이 인지하고 있으며, 각자의 특성과 강점을 살려 관련 기능을 끊임없이 강화하고 있다. 이는 단순히 오보를 줄이는 것을 넘어, 복잡하고 빠르게 변하는 정보 환경 속에서 통신사가 제공하는 정보의 권위와 신뢰를 유지하려는 전략적 노력의 일환이다.

전 세계 주요 통신사들은 다음의 공통적인 방식으로 팩트체크 역량을 강화하고 있지만, 각자의 역사, 강점, 그리고 주력 분야에 따라 독특한 운영 모델을 발전시키고 있다.

1. AP(Associated Press): 객관성과 중립성의 대명사

AP는 1846년 설립된 세계에서 가장 크고 오래된 비영리 뉴스 통신사 중 하나로, 전 세계 수많은 신문, 방송, 온라인 매체에 뉴스를 공급한다. AP의 팩트체크는 그들의 핵심 가치인 객관성, 정확성, 그리고 중립성을 지키기 위한 필수적인 장치로 인식된다.

운영 현황

통합 편집 프로세스 내 검증: AP는 전통적으로 보도 전 과정에서 사실 확인 절차를 매우 강화해 왔다. 기자가 작성한 기사의 핵심 주장이나 수치, 인용 자료에 대해 전담 검증 인력이 상시 교차 검토하는 체계를 갖추고 있다. 특히 정치적으로 민감하거나 사회적으로 논란이 될 수 있는 사안에 대해서는 더욱 엄격한 다단계 검증을 거친다.

독립 팩트체크 팀 및 칼럼('AP Fact Check'): AP는 2016년 미국 대선을 기점으로 'AP Fact Check'라는 별도의 팩트체크 칼럼 및 온라인 코너를 운영하기 시작했다. 이 코너는 정치인들의 발언, 캠페인 주장, 사회적 통념 등을 주요 검증 대상으로 삼는다. 해당 팀은 독립적으로 사실을 조사하고, 그 결과를 '사실', '부분 사실', '사실 아님' 등으로 분류하여 독자에게 제공함으로써, 주장의 허위 정도를 명확하게 제시한다.

글로벌 네트워크 활용: AP는 전 세계 250개 이상의 지국과 수천 명의 기자들을 보유한 거대한 글로벌 네트워크를 통해 현지에서 직접 정보를 확인하고 검증하는 데 강점을 가진다. 이는 특히 국제적인 분쟁이나 재난 상황에서 현지의 사실 관계를 신속하고 정확하게 파악하는 데 필수적인 역량이다.

팩트체크 방식

클레임 분해 및 다층적 교차검증: AP는 복잡한 주장을 세부 항목으로 분해하여 검증하는 방식을 사용한다. 예를 들어, 정치인의 긴 연설이 있다면 그 연설에 포함된 여러 주장을 개별적으로 분석하고, 각각의 사실 여부를 검증한다. 이를 위해 정부 발표 자료, 공식 통계(국내외 통계청, 국제기구 데이터), 직접 인터뷰 내용(전문가, 관계자), 관련 법규 및 법원 기록, 기타 신뢰 가능한 제3자 자료(학술 논문, 비영리 연구기관 보고서) 등을 광범위하게 수집하고 대조한다. 다수의 독립적인 출처를 통해 정보를 교차 확인하는 것은 AP 팩트체크의 기본 원칙이자 핵심 역량이다.

투명한 정정 절차 및 지속적인 피드백: AP는 오류가 발견된 경우 신속하고 투명하게 정정 보도를 한다. 단순한 수정에 그치지 않고, 오류가 발생한 원인과 수정된 내용을 명확히 공개함으로써 독자 신뢰를 유지하려는 노력을 기울인다. 모든 기사에는 잠재적인 수정 사항을 알리는 공지 사항이 포함될 수 있으며, 독자들의 제보와 피드백을 적극적으로 수렴하여 팩트체크의 정확성을 지속적으로 개선해 나간다.

2. 로이터 (Reuters):
금융 정보의 정확성과 소셜 미디어 대응의 선두 주자

로이터는 AP와 함께 세계 양대 통신사로 꼽히며, 특히 금융 및 비즈니스 뉴스 분야에서 강력한 영향력을 가지고 있다. 로이터의 팩트체크는 금융 시장의 특성상 정보의 신속성, 정확성, 그리고 미묘한 차이까지 포착하는 정교함을 요구한다. 또한, 소셜 미디어를 통해 확산되는 허위 정보에 대한 선제적인 대응에서도 두각을 나타낸다.

운영 현황

전담 팩트체크 팀('Reuters Fact Check'): 로이터는 자체 팩트체크 부서인 'Reuters Fact Check'를 두어, 소셜 미디어에서 빠르게 확산되는 허위 정보와 혼란스러운 발언들을 선별하고 검증하는 데 주력한다. 특히 정치적 논란, 공중 보건 이슈, 그리고 금융 시장에 영향을 미칠 수 있는 루머 등이 주요 대상이 된다. 위급 상황이나 정치적 분쟁이 발생했을 때, 로이터는 실시간으로 사실 확인을 진행하는 전담 팀을 배치하여 현장에서 발생하는 정보에 즉각적으로 대응하며, 잘못된 정보가 확산되기 전에 이를 바로잡는 데 집중한다.

독립 검증 플랫폼: 'Reuters Fact Check' 웹사이트는 독립적이고 체계적인 검증 결과와 관련 분석을 공개하는 핵심 플랫폼이다. 이 플랫폼은 사용자가 직접 검증 과정을 확인하고 관련 자료를 열람할 수 있도록 투명한 정보를 제공한다. 단순한 사실 여부 판단을 넘어, 주장의 맥락과 배경 정보를 상세히 제공하여 독자들이 정보의 복잡성을 이해할 수 있도록 돕는다.

금융 저널리즘과의 시너지: 로이터의 팩트체크는 그들의 핵심 강점인 금융 저널리즘과 깊이 연계되어 있다. 금융 시장의 움직임은 정확한 정보에 매우 민감하게 반응하므로, 로이터의 기자들은 뉴스 작성 단계부터 수치, 통계, 기업 실적 등 모든 금융 관련 정보에 대해 엄격한 사실 확인을 거친다.

팩트체크 방식

다중 출처 비교 및 데이터 마이닝: 로이터는 정부 기관의 공식 자료, 국제 기구의 보고서, 현지 뉴스 매체, 그리고 소셜 미디어 데이터를 광범위하게 수집하고 대조하며, 자료의 신뢰성을 다각도로 평가한다. 특히 각 정보 출처의 특성과 잠재적 편향성까지 고려하여 종합적인 판단을 내린다. 금융 분야에서는 블룸버그 터미널과 같은 전문 데이터베이스, 기업의 공시 자료, 애널리스트 보고서 등을 활용하여 심층적인 데이터 마이닝을 수행한다. 전 세계에 퍼져 있는 로이터 기자들의 현장 보고는 이러한 다중 출처 검증에 핵심적인 역할을 한다.

실시간 검증 프로토콜: 금융 시장의 속성에 맞춰, 로이터는 실시간으로 발생하는 정보를 검증하고, 그 결과를 가능한 한 빨리 독자에게 전달하는 프로토콜을 갖추고 있다. 이는 특히 시장에 큰 영향을 미칠 수 있는 기업 합병 루머, 정부의 긴급 발표 등에 대한 신속한 팩트체크를 가능하게 한다.

3. 신화사(중국): 국가 통신사의 통제와 기술적 역량

중국의 신화사는 세계에서 가장 규모가 큰 통신사 중 하나로, 중국 정부의 공식 입장을 대변하고 중국의 관점을 전 세계에 알리는 역할을 수행한다. 신화사의 팩트체크는 이러한 국가 통신사의 특성과 내부 통제, 그리고 기술적 역량 강화가 결합된 독특한 특징을 보인다.

운영 현황

통합 보도 프로세스 내 사실 확인: 신화사는 기존의 보도 편집 프로세스에 사실 확인 절차를 체계적으로 통합하여 운영하고 있다. 기사 작성 전후에 전담 내부 검증 인력이 배치되어 모든 보도 내용이 내부 기준과 일치하는지 확인한다. 이는 중국 미디어의 특성상 중앙 정부의 지침과 이념에 부합하는 정보를 전달하는 데 중점을 두는 경향이 있으며, '당의 목소리'로서의 역할이 강조된다. 따라서 팩트체크의 기준과 범위가 정부의 정책 방향과 긴밀하게 연관될 수 있다는 특징을 가진다.

4. 블룸버그(Bloomberg):
금융 정보의 정확성과 디지털 포렌식 전문성

블룸버그는 전 세계 금융 시장과 경제 뉴스에 특화된 정보 서비스를 제공하는 통신사이자 데이터 기업이다. 따라서 블룸버그의 팩트체크는 방대한 금융 데이터와 첨단 기술을 활용하여 경제 및 금융 정보의 정확성을 극대화하는 데 중점을 둔다. 금융 시장에서 작은 정보 오류도 천문학적인 손실로 이어질 수 있으므로, 블룸버그는 정보의 정확성에 대한 강박적인 집착을 보인다.

운영 현황

데이터 중심 보도 및 검증 시스템: 블룸버그는 금융 및 경제 분야에서 독보적인 강점을 보이는 만큼, 방대한 독점 데이터베이스(블룸버그 터미널과 고도의 분석 도구를 활용하여 보도 전에 수치와 통계를 철저히 검증한다. 이들의 팩트체크는 단순히 기사 내용을 확인하는 것을 넘어, 해당 정보가 금융 시장에 미칠 파급력까지 고려하여 정보의 정확성에 심혈을 기울인다. 모든 기사는 데이터에 기반하며, 데이터의 원천과 분석 방식에 대한 엄격한 기준을 적용한다.

전담 팩트체크 및 데이터 분석 팀: 블룸버그는 전담 팀이 실시간으로 경제 지표, 기업 실적, 시장 동향, 기업 인수합병(M&A) 루머 등을 모니터링하며, 보도에 필요한 사실 확인을 수행한다. 이 팀은 금융 시장의 미세한 변화나 기업 발표의 미묘한 차이까지 감지하여 허위 정보를 걸러 내고, 잠재적인 시장 교란을 방지하는 역할을 한다. 특히, 기업의 공시 자료, 애널리스트 보고서, 중앙은행의 통계 등 방대한 비정형 데이터를 실시간으로 분석하여 핵심 정보를 추출하고 검증하는 데 강점을 가진다.

팩트체크 방식

데이터 교차 분석 및 정교한 모델링: 블룸버그는 공신력 있는 금융 데이터(블룸버그 터미널 자체 데이터, 증권사 리서치 보고서, 중앙은행 및 통계청 보고서), 정부 및 국제기관의 자료를 기반으로 복수의 출처를 교차 분석한다. 특히, 단순히 숫자를 비교하는 것을 넘어, 복잡한 경제 모델링과 통계 분석을 통해 주장의 타당성과 잠재적 영향까지 평가한다. 이는 금융 정보의 특성상 작은 오류도 큰 파장을 일으킬 수 있기 때문에, 여러 경로를 통해 사실을 확인하고 그 의미를 심층적으로 분석하는 것이 필수적이다.

실시간 모니터링 및 경고 시스템: 블룸버그는 실시간으로 전 세계 금융 시장의 움직임을 모니터링하고, 잠재적인 허위 정보나 시장 교란 가능성이 있는 주장이 감지되면 즉각적으로 팩트체크 팀에 경고를 보내는 시스템을 운영한다. 이는 금융 시장의 안정성을 유지하는 데 중요한 역할을 한다.

한국 주요 언론사의 팩트체크 현황: 신뢰 구축을 위한 진화

한국의 주요 언론사들은 팩트체크를 보도 과정의 필수 요소로 인식하며, 정확성과 신뢰도 확보를 위한 노력을 기울이고 있다. 전담 부서를 운영하거나 기존 편집팀 내에서 철저한 사실 확인 절차를 구축하는 등 다양한 방식을 통해, 독자들에게 검증된 정보를 제공하고 건전한 공론장을 형성하는 데 기여하고 있다. 특히 한국 사회의 특성상 정치적 논쟁이 첨예해지는 선거 시기나 주요 정책 발표 시점에 팩트체크의 중요성이 더욱 부각되는 경향이 있다.

국가 기간 통신사인 연합뉴스는 전담 팩트체크부를 운영하여 각종 현안에 대해 신속하게 검증하고, 투명한 정정 보도 체계를 마련하고 있다. JTBC, MBC, KBS와 같은 방송사들은 독립적인 팩트체크 코너를 통해 등급 체계와 실시간 업데이트 기능을 구현하며 시청자 접근성을 높이고 있다.

또한, 조선일보, 한겨레와 같은 종합 일간지들은 보도 후 독자 제보와 내부 검증 시스템을 통해 교정 메커니즘을 강화하는 등 각자의 강점을 살려 팩트체크 역량을 강화하고 있다.

1. 연합뉴스: 국가 기간 통신사의 신속하고 체계적인 팩트체크

연합뉴스는 대한민국을 대표하는 국가 기간 통신사로서, 국내외 주요 뉴스를 다른 언론사에 공급하는 역할을 수행한다. 이 때문에 연합뉴스의 보도 정확성은 국내 전체 언론 생태계에 직접적인 영향을 미치므로, 팩트체크는 연합뉴스의 핵심적인 책임이자 경쟁력이다.

연합뉴스는 정책·정치 관련 발언과 주요 사회·경제 이슈에 대해 전담 팩트체크부를 운영하고 있다. 이 부서는 보도 전 과정에서 사실 검증을 진행하며, 기사 작성부터 편집, 최종 출고에 이르기까지 다단계 검증 절차를 거친다. 특히, 언론사들이 연합뉴스의 기사를 인용하는 경우가 많기 때문에, 연합뉴스는 자체적인 엄격한 기준과 프로세스를 통해 정보의 오류 가능성을 최소화하는 데 주력한다.

2. JTBC, MBC, KBS 등 공영 및 민영 방송/언론사: 방송 저널리즘의 팩트체크와 시청자 소통

방송사들은 뉴스 프로그램 내에서 시청자들에게 직접적으로 팩트체크를 전달하는 역할을 수행한다. 이들은 특히 영상과 음성 정보를 다루는 방송의 특성을 살려 시각적이고 직관적인 팩트체크 방식을 활용한다.

JTBC, MBC, KBS 등 주요 방송사들은 자체 팩트체크 전담 부서 또는 코너를 두어 정치인 발언, 정부 정책, 사회 이슈 등에 대해 독립적인 검증 작업을 실시한다. 이들은 방송 보도의 특성상 빠르게 변화하는 정보에 대한 즉각적인 대응과 시청자들에게 명확한 정보를 전달하는 데 중점을 둔다.

뉴스 프로그램 내 팩트체크 코너 운영: 많은 방송사들이 저녁 메인 뉴스 프로그램 내에 '팩트체커', '사실은 이렇습니다', '오뉴스 팩트체크'와 같은 별도의 코너나 칼럼을 운영한다. 이를 통해 그날의 주요 이슈나 논란이 되는 발언에 대해 집중적으로 사실 확인을 진행하고, 그 결과를 방송을 통해 시청자들에게 직접 전달한다.

보도 자료 및 추가 조사 결과 반영: 방송사들은 보도 자료를 바탕으로 1차 사실 확인을 진행하며, 필요시 추가적인 현장 조사, 전문가 인터뷰, 관련 문서 검토 등을 통해 정보를 보강하고 검증한다. 특히, 시청자들이 궁금해할 만한 지점들을 집중적으로 파헤쳐 해소하려는 노력을 기울인다.

신속한 반영과 업데이트: 방송의 특성상 뉴스 속보나 생방송 중에도 빠르게 사실 확인 결과를 업데이트하고, 관련 보도 내에 정정 프로세스를 강조한다. 예를 들어, 속보로 전해진 내용에 오류가 있다면, 다음 뉴스에서 즉각적으로 정정하고 올바른 정보를 제공한다.

3. 종합 매체(조선일보, 한겨레 등): 전통과 디지털의 팩트체크 접목

조선일보, 한겨레와 같은 종합 매체들은 긴 역사와 방대한 취재 인력을 바탕으로 심층적인 팩트체크를 수행한다. 이들은 전통적인 지면 보도의 신뢰성을 유지하면서도, 디지털 환경에 맞춰 팩트체크 방식을 진화시키고 있다.

일부 종합 언론사는 방송사처럼 별도의 대규모 팩트체크 전담 부서를 마련하기보다는, 기존의 편집 및 조사부서 내에서 사실 확인 과정을 체계화하여 운영한다. 이는 각 분야 전문 기자들이 자신의 취재 영역에서 팩트체크를 직접 수행하고, 해당 부서의 데스크와 편집부서에서 최종 검증하는 방식으로 볼 수 있다. 보도 전 과정에서의 내부 검증을 강화하는 한편, 보도 후 독자 제보나 내부 검증을 통해 오류를 확인하고, 수정 보도를 진행하는 시스템을 갖추고 있다.

보도 후 정정 및 독자 소통 중시: 지면 신문의 특성상 실시간 업데이트는 어렵지만, 온라인 플랫폼을 통해 오류를 즉각 수정하고 독자들에게 정정 사실을 공지하는 데 중점을 둔다. 독자들의 피드백을 적극적으로 수렴하여 보도의 정확성을 개선하는 데 활용하며, 독자들이 언론의 신뢰도를 평가하는 중요한 요소로 작용한다.

2

디지털 시대의 AI와 팩트체크

팩트체크 전용 AI 도구: 기자들의 취재와 검증을 돕는 솔루션

현대 저널리즘에서 AI는 단순한 유행을 넘어 필수적인 취재 및 검증 도구로 자리매김하고 있다. 특히 방대한 정보를 효율적으로 다루고, 복잡한 사실 관계를 파악하며, 심층적인 분석을 수행하는 데 AI의 역할이 커지고 있다. 국내에서 기자들이 쉽게 접근하고 활용할 수 있는 AI 취재 지원 도구로는 구글의 Pinpoint와 NotebookLM 등이 대표적이며, 이들은 팩트체크 기사 작성의 모든 단계에서 유용하게 활용될 수 있다.

1. Pinpoint: 대량 문서 속 진실을 찾아내는 탐사보도 AI

Pinpoint는 구글이 탐사보도를 지원하기 위해 특별히 개발한 AI 기반 분석 도구로, 언론인과 연구자들이 회원 가입을 통해 사용할 수 있다. 이 도구의 핵심은 비정형 데이터 속에서 의미 있는 정보를 찾아내고 연결하는 능력에 있다.

주요 기능과 기술적 특징:

Pinpoint는 언론인이 업로드한 대량의 음성 기록, 문서 파일, 이미지 데이터에서 자동으로 이름, 기관명, 지역명 등 핵심 개체들을 인식하고 추출하여 시각적으로 보여 준다. 이는 마치 수십만 페이지에 달하는 문서 속에서 특정 인물이나 기업, 장소가 언급된 모든 지점을 자동으로 찾아내어 표시해 주는 것과 같다. 사용자가 취재 자료를 Pinpoint에 올려놓으면, 그 자료 내에서 키워드 검색, 팩트체크, 교차 검증 등을 수행할 수 있다. 특히, 이미지 인식 기술을 활용하여 손글씨 문서까지 분석하는 기능은 아날로그 문서나 과거 자료를 디지털화하여 분석할 때 매우 유용하다.

2. NotebookLM: 통합된 정보 관리와 논리적 글쓰기 지원

NotebookLM은 구글이 개발한 또 다른 AI 기반 도구로, 방대한 정보를 정리하고 분석하며, 나아가 논리적인 글쓰기를 지원하는 강력한 도구로서 팩트체크 기사 작성의 모든 단계에서 유용하게 활용될 수 있다. 이는 특히 여러 개의 자료를 통합하고, 그 안에서 질문하고, 최종 결과물을 도출해야 하는 복잡한 팩트체크 작업에 적합하다.

주요 기능과 기술적 특징

NotebookLM은 웹페이지(URL), PDF 문서, 구글 문서, 텍스트 파일 등 다양한 형식의 자료를 하나의 '노트북' 안에 통합 관리할 수 있게 한다. 이는 여러 소스를 오가며 정보를 찾는 번거로움을 줄이고, 모든 관련 자료를 한 곳에 모아 효율적으로 작업할 수 있게 한다.

핵심 기능

자동 요약 및 핵심 내용 추출: 업로드된 방대한 자료의 내용을 자동으로 요약하고, 핵심 키워드나 문장을 추출하여 제시한다. 예를 들어, "기후 변화는 허구이다"라는 주장을 팩트체크한다고 가정해 보자. NotebookLM에 IPCC(기후 변화에 관한 정부간 협의체) 보고서 PDF, NASA의 기후 변화 관련 웹페이지, 관련 학술 논문 등을 업로드하여 하나의 노트북에 통합할 수 있다. 이렇게 하면 방대한 IPCC 보고서에서 "지구 온난화의 원인", "예상되는 영향" 등 팩트체크에 필요한 핵심 내용을 자동으로 요약하여 빠르게 파악하고, 시간 절약 효과를 얻을 수 있다.

실전 질문 설계법: AI를 활용한 팩트체크 프롬프트 작성 가이드와 예시

AI를 활용해 수준 높은 팩트체크 기사를 작성하려면, 우선 AI에게 질문을 잘하는 것이 핵심이다. AI에게 어떤 질문을 어떻게 하느냐에 따라 얻을 수 있는 답변의 품질과 유용성이 크게 좌우되기 때문이다. '질문이 곧 답변의 품질을 결정한다'는 원칙은 AI 활용의 가장 기본적인 진리다. 팩트체크를 위한 프롬프트는 검증하려는 주장이나 자료의 유형에 따라 달리 설계해야 한다. 팩트체크에서 흔히 접하는 세 가지 유형별로 효과적인 질문(프롬프트) 작성법과 구체적인 예시를 살펴보겠다.

1. 통계 검증형 프롬프트: 숫자의 진실을 파고들다

유형 설명

통계 검증형 프롬프트는 정치인이나 기관의 주장, 혹은 언론 보도에서 수치나 통계가 등장할 때, 그 수치의 진위를 확인하는 경우에 해당한다. 예를 들어 "우리나라 실업률이 사상 최저치다", "특정 정책 시행 후 경제 성장률이 급등했다"와 같은 주장들이 여기에 속한다. 통계는 객관적인 사실처럼 보이지만, 특정 기간을 자르거나, 비교 대상을 조작하거나, 단위나 범위를 모호하게 제시함으로써 얼마든지 왜곡될 수 있으므로 철저한 검증이 필수적이다.

질문 설계법

통계를 검증할 때는 AI에게 구체적인 수치와 함께 그 출처를 명확히 언급하도록 요청하는 것이 중요하다. 해당 수치가 언제, 어디서 나온 자료인지 명시하는 것은 검증의 신뢰성을 높이는 데 필수적이다. 따라서 프롬프트에는 "최근 정부 공식 통계에 따르면…", "OECD 자료 기준으로…"와 같이 맥락과 함께 공신력 있는 출처를 지정하고 질문을 던져야 한다. 또한, "그 주장의 근거 데이터 출처를 알려 달라", "원문 보고서 링크를 제공해 달라"는 식으로 출처 요구를 구체적으로 포함하면 AI가 해당 통계의 원본을 찾아내어 정확도를 높일 수 있다.

프롬프트 예시

"2023년에 대한민국 실업률이 역사상 최저치였다는 주장에 대해, 통계청 등 공식 통계로 사실인지 확인하고 근거를 제시해 줘."

추가 팁

비교 대상 및 기준 시점 명확화: 통계 검증형 질문을 할 때는 비교 대상이나 기준 시점도 함께 묻는 것이 좋다. 예를 들어 "올해 경제성장률이 지난해보다 높다는 주장"을 검증한다면 "최근 2개년의 경제성장률 수치를 비교해 달라"고 요청함으로써 AI가 두 시점을 모두 고려하여 보다 정확한 비교 데이터를 제공하도록 유도할 수 있다. "2020년 이후 매년 평균 5% 이상 성장했다는 주장이 사실인가요?"와 같이 구체적인 기간을 명시하면 더욱 정확한 답변을 얻을 수 있다.

단위 및 범위 지정: 통계 수치의 단위(예: '억 원' vs '달러', '명' vs '만 명', '%' 등)나 범위('전국 평균' vs '수도권', '일반 인구' vs '특정 연령대')도 명확히 지정하면 AI가 오해를 줄이고 정확한 데이터를 기반으로 검증할 수 있다. 예를 들어 "서울 지역 아파트 평균 매매가가 지난 5년간 50% 올랐다는 주장이 사실인가요? 공식 통계와 매년의 세부 수치를 제시해 줘."

2. 인용 검증형 프롬프트: 발언의 진위를 확인하다

유형 설명

인용 검증형 프롬프트는 기사나 SNS, 혹은 특정 발언에서 특정 인물의 발언이나 논문/보고서의 인용문이 회자될 때, 그 인용이 정확한지 또는 실제로 그런 발언이 있었는지 검증하는 경우에 해당한다. 인용문은 종종 부분적으로만 제시되거나, 맥락이 잘려 나가거나, 심지어 완전히 조작되기도 하므로, 그 진위와 맥락을 확인하는 것이 매우 중요하다.

질문 설계법

인용 검증에서는 인물과 발언 내용을 구체적으로 제시하고, "이런 말을 한 적이 있는지, 어디에서 한 발언인지"를 묻는 방식이 효과적이다. 예를 들어 정치인의 발언이라면 언제 누구에게 한 말인지 등 맥락을 함께 주면 AI가 해당 맥락의 기록(국회 속기록, 보도자료, 인터뷰 녹취록 등)을 찾기 쉽다. 인용문의 경우 출처(언론 보도, 연설문 전문, 공식 보고서)를 명확히 밝혀달라고 요구하여 원본 자료를 추적할 수 있도록 해야 한다.

프롬프트 예시

"'○○장관: "올해 예산 증액은 전적으로 복지 분야에 쓰일 것이다."' 라는 인용이 떠도는데, 이 발언이 실제로 있었는지 확인해 줘. 만약 있다면 언제 어떤 자리에서 한 말인지 출처를 알려 줘."

추가 팁

유사 표현 동시 탐색: 인용 검증에서는 철자가 약간 다르거나, 표현이 바뀌었지만 같은 의미의 발언일 수 있으므로, AI에게 유사한 표현도 함께 찾도록 지시하면 좋다. 예를 들어 프롬프트에 "비슷한 내용의 발언도 찾아 달라"는 요청을 포함하면 AI가 동일인의 유사한 발언까지 포착해 줄 수 있다.

원문 출처 링크 요청: Perplexity AI와 같은 도구는 웹을 검색하여 답변의 근거가 되는 원문 출처 링크를 직접 제시해 주므로 활용 가치가 높다. AI에게 "원문 출처 링크를 함께 제공해 줘"라고 요청하는 것을 습관화하는 것이 좋다.

3. 발언 진위 검증형 프롬프트: 복합 주장의 사실 여부 판단

유형 설명

발언 진위 검증형 프롬프트는 정치인의 주장이나 인터넷 정보의 전반적인 사실 여부(True/False)를 가리는 팩트체크의 전형적인 형태다. 예컨대 "○○당 정책으로 물가상승률이 반으로 줄었다"와 같이 원인과 결과가 결합된 복합적인 주장의 진위를 판단하는 경우에 해당한다. 이런 주장은 여러 개의 사실 검증 요소가 얽혀 있고, 인과관계에 대한 해석이 필요할 수 있다.

질문 설계법

단순히 "사실인지 알려 줘"라고 묻기보다는, 주장을 구성하는 핵심 요소들을 분해하여 각각의 사실 여부를 순차적으로 확인하도록 유도해야 한다. 즉, 팩트체크의 논리적 프레임을 AI가 따르도록 하는 것이다. 예를 들어 위 정책 주장이라면, "물가상승률이 최근 절반으로 감소했는가?"라는 사실 관계 검증, 이어서 "그 원인이 해당 정책으로 직접 입증되는가?"라는 인과관계 및 분석 검증을 순차적으로 따져 보게 프롬프트를 설계한다. 한 번에 모든 것을 묻기보다 하나씩 단계별 질문을 하고 AI가 각 단계에 대한 답변을 제시하도록 유도하는 것이 정확하고 신뢰할 수 있는 답을 얻는 비결이다.

프롬프트 예시

"'최근 1년간 물가상승률이 절반으로 떨어졌고, 이는 △△정책 덕분이다'라는 주장에 대해 사실관계를 다음 두 가지 쟁점을 중심으로 검토해 줘.

최근 1년 물가상승률이 절반으로 떨어졌는지 공식 통계로 확인하고 근거를 제시해 줘.

그 원인이 해당 △△정책 때문이라는 근거가 있는지, 전문가 분석을 토대로 분석해 줘."

추가 팁

AI의 단정적 판단 지양: 진위 검증형 질문에서는 AI가 단정적으로 "참/거짓"을 판단하도록 하기보다는, 필요한 정보와 분석을 나열하게 한 뒤 최종 판단은 기자에게 남기는 것이 좋다. 예를 들어 "근거들을 종합해 볼 때 이 주장이 사실인지 여부를 판단해 줘"라고 마무리하기

보다, 위 예시처럼 근거와 분석까지만 제시하게 하고, 결론 부분은 비워두는 방식으로 프롬프트를 작성하면 AI의 편향된 판단을 피하고 기자의 주관적인 판단을 배제할 수 있다. 기자는 AI가 제시한 근거를 토대로 스스로 기사에서 사실 여부를 선언하면 된다.

대안적 설명 요청: 특정 현상의 원인을 주장할 때, AI에게 "다른 잠재적 원인이나 대안적 설명이 있는지" 물어보는 것은 더욱 균형 잡힌 팩트체크를 가능하게 한다. 예를 들어 "물가상승률 하락에 △△정책 외에 국제유가 변동이나 글로벌 공급망 안정화 등 다른 요인이 작용한 부분이 있나요?"라고 묻는 방식이다.

팩트체크 기사에서 AI가 유용했던 실제 사례

예시: "외국보다 한국이 세금이 높다?"

활용 방식: ChatGPT에게 OECD 기준 조세부담률, 사회보장기여금 비교를 요청하고, 과거 언론 보도 및 통계 비교를 요청했다.

결과: AI는 OECD 자료를 기반으로 한국의 조세부담률이 다른 주요국가보다 낮은 수준임을 보여 주었고, 관련 전문가 보고서 요약도 함께 포함했다.

보도 포인트: AI가 제공한 객관적인 통계와 전문가 분석을 바탕으로, 특정 정치인의 발언이 "사실 왜곡"이라는 결론을 도출하여 기사에 반영할 수 있었다.

예시: "2030 세대는 부모보다 가난하다?"

활용 방식: 통계청과 한국은행의 세대별 자산 현황 요약을 요청하고, '세대 간 자산 격차'에 대한 학술 논문 요약을 요청했다.

비법: 특히, "세대별 자산 격차" 관련 학술논문 요약을 요청함으로써 AI가 해당 주제에 대한 학문적이고 심층적인 분석을 제공하게 유도했고, 이를 기사에 권위 있는 인용문으로 활용할 수 있었다.

결과: AI는 통계 데이터를 기반으로 세대별 자산 격차의 실태를 보여주고, 학술적 분석을 통해 그 원인과 함의를 제시하여 기자가 해당 사회적 주장의 복합적인 진실을 다룰 수 있게 도왔다.

예시: "로또는 당첨자가 조작된다?"

활용 방식: ChatGPT에게 로또 시스템 운영 절차 요약을 요청하고, 국회에서 로또 관련 문제가 제기된 사례를 검색하도록 했다.

결과: AI는 로또 추첨 시스템의 공정성 및 투명성 절차(예: 실시간 생중계, 독립적인 추첨 기계, 감사 제도)에 대한 객관적인 설명을 제공했으며, 과거 국회 국정감사 등에서 관련 문제가 제기된 사례와 그에 대한 답변까지 찾아내 주었다.

보도 포인트: AI가 제공한 객관적인 시스템 설명과 공식적인 국정감사 자료를 바탕으로, 로또 조작설은 근거 없는 음모론이라는 결론을 명확히 제시하여 독자들의 오해를 불식시키는 데 기여할 수 있었다.

주요 AI 도구별 상세 비교: ChatGPT, Gemini, Perplexity, Grok

정보의 양이 폭발적으로 증가하고 허위 정보가 빠르게 확산되는 현대 미디어 환경에서, AI 도구는 기자와 팩트체커에게 필수적인 조력자가 되었다. 현재 기자들이 활용할 수 있는 대표적인 생성형 AI로는 OpenAI의 ChatGPT, Google의 Gemini, Perplexity AI, 그리고 xAI의 Grok을 꼽을 수 있다.

각 도구는 고유한 기능과 강점, 그리고 한계를 지니고 있으며, 이를 정확히 이해하고 적재적소에 활용하는 것이 팩트체크의 품질과 효율성을 극대화하는 핵심이다.

1. ChatGPT(OpenAI): 창의적인 글쓰기와 추론 능력의 대화형 AI

주요 기능

ChatGPT는 OpenAI가 개발한 가장 널리 쓰이는 대화형 AI 언어모델로, GPT-4 등 고도화된 모델을 통해 인간과 유사한 문장 생성 및 이해 능력을 보인다. 텍스트 생성 외에도 코드 실행, 수식 계산, 간단한 데이터 분석 등의 고급 기능도 탑재되어 있어 다양한 형태의 작업을 지원한다. 대화 메모리가 길어 동일 세션에서 앞서 나눈 내용을 기억하고 맥락을 유지하며 답변하는 능력이 뛰어나다.

강점

창의적인 글쓰기 및 추론 능력: ChatGPT는 다양한 형식의 텍스트를 생성하며, 복잡한 질문에 대해 단계적으로 사고하고 설명하는 능력이 뛰어나다. 이는 팩트체크처럼 복합 논리를 검증하거나, 복잡한 사실 관계를 독자들이 이해하기 쉽게 설명하는 기사 초안 작성에 특히 적합하다. 다양한 어조와 스타일을 구사할 수 있어 기사 본문, 소셜 미디어 게시물, 설명 자료 등 여러 형태의 콘텐츠 제작에 활용도가 높다.

긴 대화 메모리 및 맥락 유지: 대화의 맥락을 오랫동안 기억하고 이를 바탕으로 일관성 있는 답변을 생성한다. 이는 팩트체크 과정에서 하나의 주제에 대해 여러 번의 질문을 주고받으며 심층적으로 파고들 때, 매번 처음부터 정보를 다시 제공할 필요 없이 효율적인 대화를 가능하게 한다.

높은 프롬프트 민감도: 사용자가 원하는 구조나 어조를 명확히 지정하면 이를 상당 부분 반영하여 답변을 생성한다. 예컨대 "표 형식으로 답해 줘", "한글 300자 이내로 요약해 줘", "전문 기사처럼 작성해 줘"

등의 구체적인 지시에 충실한 결과를 얻을 수 있어, 기자의 의도에 맞춰 결과물을 조율하기 용이하다.

한계

최신 정보 부족 및 웹 검색 제한: 기본 ChatGPT 모델은 학습 데이터 이후의 새로운 사실을 알지 못하므로, 시사 팩트체크에 직접적으로 활용하기 어렵다. 유료 버전의 웹 검색 기능이 이를 일부 해소하지만, 검색 속도와 범위에 제한이 있으며, 구글 검색만큼 포괄적이지는 않다.

출처 제시의 부재: ChatGPT는 기본적으로 답변에 대한 출처를 명시하지 않는다. AI가 제시한 정보의 근거를 사용자가 별도로 찾아 검증해야 하므로, 팩트체크 과정에서 추가적인 노력과 시간이 소요된다.

환각 경향: 잘 모르는 질문에 대해서도 그럴듯하지만 사실과 다른 답변을 '자신 있게' 만들어 내는 환각 경향이 있다. 이는 팩트체크 활용 시 가장 경계해야 할 부분으로, AI가 제시하는 모든 정보는 철저한 교차 검증을 거쳐야 한다. 때로는 존재하지 않는 인용문이나 보고서를 만들어 내기도 한다.

사용 팁

ChatGPT를 팩트체크에 활용할 때는 프롬프트에 최대한 구체적인 맥락과 요구사항을 담는 것이 좋다. 예를 들어 "○○에 대해 알려 줘"보다 "○○에 대한 사실 확인을 위해 관련 공식 통계나 권위 있는 출처를 요약해 줘"처럼 의도를 분명히 해야 한다. ChatGPT는 출처를 스스로 달지는 않으므로, 출처 정보를 제공하도록 유도하려면 사용자가 미리 자료를 찾아 넣어 주고 그 내용을 요약시키거나, ChatGPT 플러그인(유료)이나 웹 브라우징 기능을 함께 활용하여 정보 검색 단계를 거친 후 답을 얻는 방법도 있다. 무엇보다 ChatGPT의 답변을 그대로 믿지 말고, 핵심 정보는 반드시 교차 검증해야 한다. 특히 숫자 데이터나 고유명사는 실제와 다를 수 있으므로, 해당 부분만 따로 질문해 재확인하거나 신뢰할 만한 다른 도구(예: Perplexity AI)와 답변 일치 여부를 비교하면 안전하다.

2. Google Gemini: 검색 통합과 논리적 추론의 강자

주요 기능

Gemini는 구글의 최신 AI 챗봇으로, 기존 Bard를 기반으로 한 대형 언어모델(LLM)이다. Gmail이나 Google Docs 같은 구글 서비스와 연동되어 이메일 요약이나 문서 분석도 수행할 수 있다. 또한 멀티모달 기능을 갖춰 이미지 입력을 이해하거나 지도를 보여 주는 등 다양한 형태의 정보를 처리하는 능력이 있다.

강점

구글 검색과의 실시간 연동: Gemini의 가장 큰 강점은 구글의 방대한 검색 생태계와 실시간으로 연계된다는 점이다. 사용자가 묻지 않아도 필요한 경우 자동으로 웹 검색을 수행하여 최신 정보를 답변에 반영할 수 있고, 검색 결과를 근거로 제시하기 때문에 사실 확인에 매우 용이하다. 예를 들어 "작년 대한민국 경제성장률 알려 줘"라고 물으면 바로 최신 수치를 찾아 알려 주는 식이다.

높은 정확도 및 논리적 추론: 논리적 추론과 문제 해결 능력에서 두각을 나타낸다는 평가를 받는다. 수치 계산이나 사실 관계 판단 같은 작업에서 정확도가 높으며, 잘못된 전제를 짚어내는 등 이성적이고 분석적인 응답 경향이 있다. 이는 팩트체크의 핵심 요구사항과 부합한다.

멀티모달 기능: 이미지, 심지어 짧은 영상까지 인식하고 분석하여 답변에 활용할 수 있다. 예를 들어 사진 속 인물이나 장소에 대한 정보를 검색하거나, 그래프를 분석하여 설명할 수 있다.

한계

창의성 및 출력 문장의 기계성: ChatGPT에 비해 창의적인 글쓰기나 복잡한 코드 생성 능력은 약간 부족하다는 평이 있으며, 출력 문장의 매끄러움 면에서 다소 기계적일 때도 있다.

출처 과부하 및 간략한 답변: 구글 검색 통합은 강점이지만, 동시에 너무 많은 출처를 제시하여 어떤 것이 핵심인지 혼란을 주거나, 사용자가 추가 질문을 하지 않으면 간략한 답변만 제공하는 경향도 있다.

비공개 데이터 접근 불가: 기업/기관 내부 문서 등 비공개 데이터에는 접근할 수 없으므로, 그 한계는 다른 퍼블릭 AI와 같다.

사용 팁

사실확인이 필요한 질문은 곧바로 Gemini에 던져 보는 것이 한 가지 요령이다. 예를 들어 정책 수치나 인물 약력 등은 Google 검색을 대행해 답하므로 시간을 절약할 수 있다. 이때 "출처도 알려 줘"라고 추가 지시를 하면 Gemini가 답변 중에 참고한 출처(뉴스 기사, 보고서 링크 등)를 함께 언급해 주어 유용하다. 만약 Gemini의 답변이 지나치게 간략하다면, 구체적인 후속 질문으로 정보를 끌어내야 한다. 예를 들어 "좀 더 자세히 알려 줘", "관련 통계 수치를 모두 보여 줘"라고 하면 추가 정보를 얻을 수 있다. 또한 구글 서비스와의 연동을 적극 활용하면 편리한데, Gmail에 온 보도자료를 요약하게 하거나 Google Docs의 초안을 윤문하게 하는 등 일상 기자 업무와 결합할 수 있다. 반면, Gemini 사용 시 주의할 점은 AI가 제시한 웹 출처를 반드시 직접 클릭해 확인해야 한다. AI는 검색 결과 요약을 제공하지만, 실제 문맥을 봐야 오역이나 왜곡이 없는지 알 수 있기 때문이다. 특히 국내 정보의 경우 네이버 등 폐쇄망 콘텐츠는 검색에 안 잡힐 수 있으니, 필요하면 수동 검색도 병행해야 한다.

3. Perplexity AI: 출처 투명성과 심층 리서치의 강자

주요 기능

Perplexity는 일종의 AI 기반 검색엔진 또는 '답변 엔진(answer engine)'으로, 사용자의 질문에 대해 웹 검색을 수행하고 그 결과를 자연어로 종합 요약해 답변해 주는 도구다. ChatGPT와 유사한 대화형 인터페이스를 갖추고 있으나, 모든 답변에 해당 내용의 출처 링크를 명시해 준다는 강력한 차별점이 있다.

강점

최고의 출처 투명성: Perplexity의 모든 응답은 해당 내용의 출처가 되는 웹 페이지 링크와 함께 제시되므로, 사용자가 바로 사실 검증 및 원문 확인을 할 수 있다. 팩트체커에게는 "출처가 어디냐"를 고민할 필요없이 투명하고 신뢰할 수 있는 팩트체크 자료를 얻는 셈이다.

심층적인 리서치 능력: 검색 특화 AI답게 일반 검색 엔진보다 깊이 있는 정보를 최대 3배까지 많이 참조해 종합해 준다는 평가가 있다. 이는 사용자가 일일이 여러 웹사이트를 볼 시간을 절약해 주며, AI가 자동으로 다수의 자료를 요약 비교해 주므로 심층적인 리서치에 유용하다.

신속성 및 정보 시의성: 답변 생성 속도도 빠른 편이고, 실시간으로 최신 뉴스를 바로 찾아 주기 때문에 시사 팩트체크에서 정보 시의성 측면의 강점이 두드러진다. 예컨대 당일 유포된 루머도 관련 보도나 자료가 웹에 있으면 즉시 찾아 답변에 반영한다.

한계

검색 결과 의존성: Perplexity는 기본적으로 검색 결과에 의존하다 보니, 검색되지 않는 정보는 답할 수 없다는 한계가 있다. 예를 들어 내부 문건이나 비공개 발언, 혹은 검색 엔진 크롤링 대상이 아닌 폐쇄형 커뮤니티의 내용은 찾아 주지 못한다.

제한적인 대화 맥락 유지: 대화형 AI라고는 하지만, 대화 맥락 유지 능력은 ChatGPT만큼 길지 않다. 추가 질문은 가능하지만 그것도 결국 새로운 검색을 통한 답변이므로, ChatGPT처럼 장시간의 복합적인 토론을 이어 가기는 어렵다.

출처의 질적 문제: 웹에 존재하는 잘못된 정보도 일단 찾아서 보여줄 수 있기 때문에, AI가 인용했다고 해서 그 정보가 100% 검증된 것은 아니라는 점에 유의해야 한다. 출처가 드러나 있으므로 사용자가 출처의 신뢰도를 평가해야 하지만, 만약 편향된 출처만 검색 결과에 있다면 AI 답변도 편향될 위험이 있다.

사용 팁

Perplexity는 팩트체크 초반 리서치 단계에서 활용하면 가장 효과적이다. 예컨대 검증하려는 주제 키워드만 넣어도 관련 사실들을 빠르게 훑어볼 수 있다. 이때 가능한 구체적으로 질문해야 더욱 정확한 답을 얻는데, 막연히 "○○에 대해 알려 줘"보다는 "○○에 대해 가장 최신 통계 수치와 전문가 견해를 알려 줘"처럼 상세히 지시하면 좋다. 답변을 받으면 반드시 출처 링크들을 클릭하여 원문을 살펴봐야 한다. AI의 요약이 사람의 관점과 다를 수 있고, 원문에 더 방대한 정보가 있을 수 있기 때문이다. 또한 모드 변경 기능을 활용해 보는 것도 좋다. 예를 들어 학술 논문 검증이 필요할 땐 Perplexity의 질문 모드를 "Academic(학술)"으로 바꾸면 학술 데이터베이스를 중점적으로 찾아 주어 더 신뢰도 높은 자료를 얻을 수 있다. 반대로 최신 뉴스라면 "News" 모드로, 소셜 미디어 이슈라면 "웹 전체" 모드로 두면 된다. 한글로 질문해도 되지만, 영문 정보가 많은 사안의 경우 영어로도 질문해 보면 추가 자료가 나올 수 있다.

4. xAI Grok: 실시간 트렌드와 독특한 어조의 신예

주요 기능

Grok은 일론 머스크가 2023년 설립한 xAI에서 공개한 신생 챗봇이다. 가장 큰 특징은 일론 머스크가 소유한 소셜 미디어 X(구 트위터)와 실시간으로 연결되어 있다는 점이다. 즉, 최신 뉴스 헤드라인이나 트렌드 정보를 X 플랫폼으로부터 실시간으로 끌어와 답변에 활용할 수 있다. 예를 들어 지금 X에서 화제가 되는 이슈를 물으면, Grok은 방금 올라온 글들도 참고하여 최신 동향을 파악해 준다.

강점

독보적인 최신 트렌드 및 소셜 미디어 파악: 다른 AI들이 주로 정제된 글 정보에 의존하는 반면, Grok은 X의 방대한 실시간 데이터 스트림을 접할 수 있어 소셜 미디어상의 루머나 화제도 즉각 파악한다. 이는 팩트체커에게 유용한데, 왜냐하면 초기 허위 정보가 퍼지는 양상을 Grok으로 모니터링할 수 있고, 주요 논점을 빠르게 캐치할 수 있기 때문이다. 예를 들어 "현재 ○○ 이슈에 대해 X에서는 뭐라고들 하나요?" 라고 물으면, 관련된 트윗들의 요지를 모아 알려 줄 수 있다.

유머러스하고 솔직한 어조: Grok은 유머러스하고 솔직한 어조로 답변하도록 설계되어 있어, 딱딱한 사실도 이해하기 쉽게 풀어 주는 설명력이 장점이 될 수 있다.

투명한 대화 기억 관리: 사용자 대화를 투명하게 관리하여, 이전에 제공된 정보를 정확히 기억하고 필요하면 "당신이 알려 준 ○○에 따르면…" 식으로 활용해 줌으로써 긴 팩트체크 시나리오도 일관성 있게 유지한다.

한계

모델의 안정성 및 신뢰성 검증 부족: 2025년 도입 초기인 만큼 모델의 안정성과 신뢰성 검증이 충분하지 않다는 점이 가장 큰 한계다. 아직 학습 단계에서 서구권 위주의 데이터에 편향되어 있을 가능성이 있고, 한국어에 대한 최적화나 한국 국내 정보 학습량은 제한적일 수 있다. 실제로 글로벌 남반구나 소수 언어에 대해 생성형 AI들이 취약하다는 지적이 있으며 Grok도 그런 문제에서 자유롭지 않다.

사용 팁

Grok을 팩트체크에 활용할 때는 소셜 미디어의 바로미터로 삼으면 좋다. 즉, "현재 X상에서 ○○에 관한 여론/루머를 요약해 줘" 같은 프롬프트로 시작하면 해당 이슈의 쟁점을 빠르게 파악할 수 있다. 그리고 나서 나온 주장들 하나하나를 다시 다른 도구나 추가 프롬프트로 검증하는 식으로 쓰는 것이 효율적이다. Grok이 실시간 정보를 가져왔다면 반드시 해당 정보의 출처를 물어봐야 한다. 예를 들어 "그 내용이 나온 뉴스를 알려 줘"라고 하면 관련 링크나 정보를 추가로 제시할 수 있다. Grok의 멀티모달 능력을 팩트체크에 활용하려면, 예를 들어 의심스러운 이미지가 있을 때 이미지를 보여주며 "이 사진에 대한 정보를 찾아 줘"라고 요청할 수 있다. 그러면 Grok은 해당 사진과 유사한 이미지나 관련 뉴스를 X에서 찾아 설명해 줄 가능성이 있다. Grok을 사용할 때는 일론 머스크의 개인적 성향이 반영된 모델임을 염두에 두고, 정치나 사회 이슈에서 편향된 답변이 나오지 않는지 주의 깊게 살펴야 한다.

종합 비교와 전략적 활용

종합해 보면, ChatGPT는 만능형으로 창의성과 대화력이 뛰어나며 다양한 글쓰기 작업과 복합적인 추론에 강점을 가진다. Google Gemini

는 논리적 추론과 구글 검색 통합 측면에서 강력한 강점을 가지며, 최신 정보를 기반으로 한 정확한 사실 확인에 유리하다. Perplexity AI는 신속한 정보 조사와 모든 답변에 대한 투명한 출처 제시 면에서 탁월하여, 팩트체크의 초기 리서치 단계에서 매우 효과적이다. 그리고 Grok은 실시간 소셜 미디어 트렌드 반영과 독특한 어조가 특징인 신예로, 온라인 여론의 흐름을 파악하고 신속한 정보 수집에 강점을 보인다.

각각의 도구는 용도에 따라 적합한 분야가 다르므로, 팩트체크 기자는 특정 도구 하나에만 의존하기보다 상황에 맞는 도구를 선택하거나 여러 도구를 조합함으로써 최상의 결과를 얻을 수 있다. 예를 들어, Perplexity로 최신 정보의 출처를 빠르게 파악한 후, ChatGPT로 해당 정보를 바탕으로 기사 초안을 작성하고, Gemini로 추가적인 사실 관계를 검증하는 식의 워크플로우를 구축할 수 있다. 이러한 전략적 활용은 AI가 제공하는 무한한 가능성을 최대한 끌어내어, 복잡한 현대 사회에서 진실을 추구하는 언론의 역할을 더욱 강화하는 데 기여할 것이다.

AI별 최적화된 질문 스타일 가이드라인: 팩트체크 효과 극대화 전략

팩트체크에 AI를 활용할 때는 사용하는 도구의 특성을 이해하고 질문하는 요령을 터득하는 것이 매우 중요하다. 같은 질문을 하더라도 AI 도구마다 응답 내용과 스타일, 그리고 정보의 신뢰성 면에서 큰 차이를 보이기 때문이다. AI에게 어떤 질문을 어떻게 하느냐에 따라 얻을 수 있는 답변의 품질이 크게 좌우되므로, 각 AI의 강점을 극대화하고 약점을 보완하는 질문 스타일을 익혀야 한다.

1. ChatGPT(만능형 조력자): 정교한 지시와 반복 학습으로 완성도를 높이다

ChatGPT는 방대한 텍스트 데이터를 기반으로 한 대화형 AI 언어모델로, 다양한 형식의 텍스트 생성과 논리적 추론에 강점을 보인다. '만능형 조력자'로서의 역할을 수행하려면 사용자의 정교한 지시가 필수적이다.

효과적인 질문 스타일

구체적인 맥락과 지침 포함: ChatGPT는 사용자가 제공하는 정보와 지침에 매우 민감하게 반응한다. 따라서 "공식 통계에 근거해 답변해 줘", "단계별로 근거를 설명해 줘", "표 형식으로 정리해 줘", "300자 이내로 요약해 줘" 등 원하는 답변의 형식과 범위, 그리고 근거 제시 방법을 명확하게 명시해야 한다. 이는 AI가 의도에 맞는 정확하고 구조화된 답변을 생성하는 데 결정적인 역할을 한다.

질문 쪼개어 반복 질의: 복잡하거나 다층적인 팩트체크 질문은 한 번에 모든 것을 묻기보다 여러 차례에 걸쳐 질문을 쪼개어 단계적으로 묻는 것이 효과적이다. 예를 들어, 먼저 특정 주장의 정의를 묻고, 다음으로 그 주장의 통계적 근거를 묻는 식으로 접근한다. 이는 AI가 각 질문에 집중하여 정확한 답변을 내놓도록 돕고, 이전 대화의 맥락을 활용하여 점진적으로 정보를 축적해 나가는 데 유리하다.

역할 부여: 프롬프트 시작 시 "당신은 전문 팩트체커이며, 이 질문에 대해 객관적인 사실만을 기반으로 답변해 줘"와 같이 AI에게 특정 역할을 부여하면, AI가 그 역할에 맞는 어조와 정보 처리 방식을 따르도록 유도할 수 있다.

주의해야 할 질문 스타일

모호하거나 범위가 큰 질문 피하기: "요즘 경제 어때?", "이 정책 좋은 건가?"와 같이 모호하거나 너무 범위가 큰 질문은 ChatGPT가 추측으로 답변을 채우거나, 일반론적인 설명을 나열하고, 심지어는 '환각' 정보를 생성할 수 있다. 이는 팩트체크에 전혀 도움이 되지 않거나 오히려 혼란을 가중시킨다.

출처 없는 정보의 맹신 지양: ChatGPT의 답변에는 기본적으로 출처가 제시되지 않는다. 따라서 AI가 제시한 정보의 근거를 사용자가 별도로 찾아 교차 검증해야 한다. "○○라고 들었는데 사실이야?"처럼 불확실한 소문을 단순 질의하면 잘못된 답변이 나올 수 있으므로, 해당 소문의 구체적인 내용과 함께 "이 주장의 사실 확인을 위한 근거를 찾아 줘"와 같이 사실 확인의 맥락을 함께 제시하는 것이 좋다. AI의 답변을 팩트체크 최종 결과로 맹신하는 것은 절대 금물이다.

2. Google Gemini(사실 검색 전문): 구글 생태계와의 연동을 활용하다

Gemini는 구글 검색 엔진과의 강력한 통합을 바탕으로 최신 정보와 구체적인 사실 확인에 강점을 보인다. '사실 검색 전문' AI로서 직관적이고 효율적인 질문 스타일이 중요하다.

효과적인 질문 스타일

짧고 정확한 질문: Gemini는 구글 검색 엔진과 실시간으로 연동되어 작동하므로, 짧고 정확한 질문을 던지면 AI가 알아서 웹 검색을 수행하여 답을 찾아 준다. 예를 들어 "○○법안 통과 날짜 알려 줘", "2023년 소비자물가지수 몇 %인가요?"같이 단답형 사실 질의에 특히 강하다.

'출처도 함께 알려줘' 추가 지시: Gemini는 답변의 근거가 되는 웹 검색 결과를 함께 제시하는 강점이 있다. 따라서 질문 말미에 "출처도 함께 알려줘"라고 덧붙이면 AI가 답변 중에 참고한 출처(뉴스 기사, 공식 보고서 링크 등)를 함께 언급해 주어 신뢰도를 높이고 즉각적인 검증을 가능하게 한다.

구글 서비스 연동 활용: Gmail, Google Docs 등 구글 서비스와의 연동을 적극 활용하면 편리하다. "최근 받은 이메일 중 '○○프로젝트' 관련 내용을 요약해 줘"와 같이 개인 업무와 연동하여 활용할 수 있다. 멀티모달 기능(이미지, 지도)을 활용하여 "이 사진 속 건물이 어디인지 찾아 줘", "이 지도에서 ○○지역의 특징을 설명해 줘"와 같이 시각 정보를 기반으로 질문할 수도 있다.

주의해야 할 질문 스타일

지나치게 장황하거나 다중 질문 피하기: 한 번에 여러 질문을 장황하게 넣으면 Gemini가 일부만 검색하거나 혼란을 겪을 수 있다. 질문은 하나씩 개별적으로 하는 것이 효과적이다. AI는 한 번에 하나의 핵심

목표에 집중할 때 최적의 성능을 발휘한다.

제시된 출처의 맹신 금지: Gemini의 답을 곧바로 기사에 쓰기보다, 제시된 출처 링크를 반드시 클릭하여 세부 내용을 직접 검토해야 한다. AI는 검색 결과를 요약해 제공하지만, 실제 문맥을 봐야 오역이나 왜곡이 없는지 정확히 알 수 있기 때문이다.

국내 콘텐츠의 한계 인지: 특히 국내 사안의 경우 구글 검색에 잘 잡히지 않는 네이버 카페, 블로그, 특정 커뮤니티 등 폐쇄적인 네트워크의 정보는 AI도 찾아내지 못할 수 있다. 따라서 필요하면 추가적인 수동 검색이나 국내 특화 검색 엔진을 병행해야 한다.

3. Perplexity AI(출처 기반 검색): 투명성과 빠른 리서치의 동반자

Perplexity AI는 모든 답변에 출처 링크를 명확히 제시하는 '출처 기반 검색'이라는 독보적인 강점을 가지고 있다. 팩트체크의 초기 리서치 단계에서 가장 유용하게 활용될 수 있는 도구다.

효과적인 질문 스타일

키워드 중심 질문: Perplexity는 웹 검색을 기반으로 작동하므로, 핵심 키워드를 중심으로 질문하는 것이 유효하다. 예를 들어 "2030세대 자산격차 35배 기사 출처", "로또 1등 50명 당첨 조작설 전문가 의견"과

같이 핵심어를 명확히 제시하면 정확히 해당 내용을 찾아 준다.

얻은 답변의 출처 적극 활용: Perplexity가 제공하는 모든 답변에는 해당 내용의 출처 링크들이 함께 제시된다. 이 링크들을 활용하여 원문을 즉시 확인하고, 필요하다면 추가적인 심층 취재로 연결할 수 있다. 답변이 부족한 부분은 해당 출처를 바탕으로 하는 후속 질문으로 메울 수 있다.

일문일답형에 집중: Perplexity는 대화형 AI라기보다는 '답변 엔진'에 가깝다. 대화 맥락 유지 능력은 제한적이므로, 질문 하나당 한 가지 정보 요청에 집중하는 일문일답형 스타일이 최적화된 방법이다.

주의해야 할 질문 스타일

출처의 권위 판단 책임: Perplexity가 제시한 출처가 모두 100% 검증된 것은 아니다. AI가 찾은 웹 자료 중에는 신뢰도가 낮은 블로그, 커뮤니티 게시글 등 검증되지 않은 정보도 섞여 있을 수 있으므로, 사용자가 반드시 출처의 권위를 판단해야 한다. 가급적 공식 통계, 정부 보고서, 주요 언론사 기사, 학술 논문 등 신뢰할 수 있는 출처 위주로 정보를 선별해야 한다.

4. xAI Grok(실시간 SNS 모니터): 트렌드 파악과 온라인 여론 분석의 신예

Grok은 일론 머스크의 xAI가 개발한 AI 챗봇으로, X(트위터)와의 실시간 연결을 통해 최신 트렌드와 온라인 여론을 파악하는 데 독보적인 강점을 가진다. 독특한 유머러스한 어조가 특징이다.

효과적인 질문 스타일

현 상황/트렌드 파악형 질문: Grok은 현 상황에 대한 질문에 강점이 있으므로, "현재 ○○ 이슈에 대해 X(트위터)에서는 어떤 주장들이 나오고 있어?", "지금 X에서 가장 화제가 되는 뉴스는 뭐야?"처럼 실시간 트렌드 파악형 질문을 활용하면 좋다. 이는 팩트체커가 초기 단계에서 온라인상의 주요 쟁점이나 루머를 빠르게 감지하는 데 유용하다.

어조 지정: Grok은 기본적으로 유머러스하고 캐주얼한 어조로 답변하는 경향이 있다. 팩트체크 기사 작성에 필요한 엄정함을 위해 "진지한 톤으로 답변해 줘", "공식 보고서처럼 딱딱한 어조로 말해 줘"와 같이 원하는 어조를 사전에 지정하면 Grok의 캐주얼함을 조절하여 전문적인 답변을 얻을 수 있다.

멀티모달 기능 활용: 이미지를 업로드하며 "이 사진의 출처를 찾아 줘" 또는 "이 사진이 X에서 어떻게 확산되고 있는지 알려 줘"와 같이 질문하여, 시각적 정보를 기반으로 하는 팩트체크에 활용할 수 있다.

주의해야 할 질문 스타일

출처 확인의 필수성: Grok이 제시하는 정보는 최신이더라도 X 플랫폼에서 비롯된 경우가 많으므로, 반드시 출처 확인이 필수적이다. "~라고 하네요" 식의 불분명한 근거 제시가 많으므로, "근거 자료를 알려줘", "관련 뉴스 링크를 제공해 줘"와 같은 후속 질문을 통해 신뢰성을 확보해야 한다.

정치적 편향성 경계: 일론 머스크의 개인적인 성향이나 X 플랫폼의 특정 사용자층의 영향이 Grok의 답변에 반영될 수 있다. 정치적 편향 등 민감한 이슈에서는 Grok의 답변을 곧이곧대로 받아들이지 말고, 반드시 교차 확인하는 것이 안전하다.

AI 도구를 활용한 기사 초안 작성 실습
프롬프트 → 구조화된 초안 생성 → 기자의 후속 편집

실제로 AI의 도움을 받아 팩트체크 기사 초안을 작성하고, 기자가 이를 어떻게 다듬어 최종 기사를 완성하는지 실습 형태로 살펴보자.

① 프롬프트를 통한 기사 초안 생성: 우선 충분한 자료가 모인 후 기자는 AI에게 팩트체크 기사 초안을 써 보도록 요청할 수 있다. 효과적인 방법은 기사에 포함할 핵심 팩트 목록이나 원하는 구조를 제시하는 것이다.

예시 프롬프트: "다음 정보를 기반으로 팩트체크 기사 초안을 작성해 줘: 1) 주장-○○, 2) 사실 확인-공직자 A의 실제 발언은 △△이며, 공식 통계 X에 따르면 … (생략), 3) 전문가 의견 - □□교수 '사실 아니다' 평가, 4) 결론-해당 주장은 사실이 아님."

이처럼 중요 팩트들을 나열하고 기사의 기본 흐름(주장 소개→검증 내용→결론)을 지정하면, AI는 이를 토대로 초안을 작성한다.

ChatGPT의 경우 이러한 프롬프트에 잘 반응하여 머리말, 본문 전개, 결론 형식이 갖춰진 기사를 초안 형태로 생성해 준다.

② AI 생성 초안의 구조화 특징: AI가 만든 초안은 일반적으로 다음과 같은 구조를 갖춘다.

제목: 주장 내용과 팩트체크 결과를 함축한 문장(예: "○○, 사실일까?…결과는 △△")

서두: 문제의 주장에 대한 상황 설명(누가 언제 이런 주장을 했는지, 사회적 파장은 어떤지).

검증 과정: 먼저 해당 주장에 나타난 핵심 사실들을 나열하고, 각각에 대한 실제 사실을 서술. AI는 이 부분에서 앞서 제공된 팩트를 순서대로 풀어내며, 필요하면 추가 설명을 덧붙인다.

예를 들어 "○○는 △△라고 주장했다. 그러나 확인 결과 실제 수치는 X로, 주장의 수치와 차이가 있었다…"처럼 주장 vs 사실 대비 구조로 쓸 수 있다.

전문가 발언 인용: AI에게 입력한 교수 등의 코멘트가 있다면 "전문가인 □□ 교수는 '이 주장은 근거가 부족하다'고 지적했다"처럼 인용 형태로 포함된다. 출처까지는 AI가 자동 달지는 못하지만, 인용구 자체는 자연스럽게 삽입한다.

결론: 마지막에 "종합하면 ○○라는 주장은 사실이 아닌 것으로 판

명됐다"와 같이 팩트체크 결과를 정리한다. AI는 흔히 "-으로 밝혀졌다" 등의 문장을 사용하여 마무리한다.

③ 기자의 후속 편집 과정: AI가 만들어 준 초안은 초벌 원고에 해당하며, 이를 그대로 송고할 수는 없다. 기자는 다음과 같은 편집 단계를 거쳐 완성도를 높인다.

1) 사실 검증 및 보완: 우선 초안의 모든 문장을 검토하며, AI가 제시한 사실과 숫자가 정확한지 출처와 대조한다. AI가 틀리게 써놓은 부분이 없는지, 또는 애매하게 쓴 부분을 구체화할 필요는 없는지 점검한다. 이 과정에서 앞서 수집한 자료를 다시 활용하여 수치나 인용을 정확히 교정한다.

예를 들어 AI 초안에 "많은 사람들이 그렇다고 생각한다"라고 쓰여 있다면, 실제 설문 통계치를 넣어 구체화한다.

2) 맥락 및 배경 추가: AI 초안은 핵심만 나열해 다소 건조하거나 맥락이 부족할 수 있다. 기자는 독자가 이해하기 위해 필요한 배경 정보를 추가한다. 예컨대 해당 주장이 나오게 된 경위나 관련 과거 사례 등을 덧붙인다. 이 부분은 AI에게 별도로 요청해 얻을 수도 있지만, 최종적으로는 기자의 글 솜씨로 문맥을 자연스럽게 녹여 내는 것이 좋다.

3) 어조와 표현 다듬기: 기사 투고에 맞게 문체를 손질한다. AI 초안이 너무 딱딱하거나 또는 너무 구어체라면, 이를 적절한 언론 기사 어

투로 통일한다. 불필요한 수식어나 감탄, 모호한 표현은 제거하고 명료하게 고친다.

예를 들어 "놀랍게도 사실은 그렇지 않았다" 같은 문구가 있으면 "사실은 그렇지 않았다"로 단순화한다.

4) 출처 표기 및 인용 확인: 기사에 인용된 발언이나 수치에는 출처를 달아야 한다. AI 초안에는 출처 표시가 없으므로, 기자가 직접 "(통계청, 2023)" 식으로 각 문장에 맞는 출처를 달거나, 문중에 "…라고 ○○ 기관은 밝혔다"처럼 참고 자료를 명시한다.

5) 편집자적 시각에서 검토: 마지막으로 글의 흐름이 논리적으로 맞는지, 독자가 보기에 이해가 쉬운지 제3자 시선으로 전체 원고를 재검토한다. 이때 부족한 부분은 추가 취재나 자료 확보를 통해 채우고, 지나친 부분은 덜어 낸다.

이러한 편집을 거치면, AI의 도움으로 작성된 초안도 사실에 충실하면서 완성도 높은 팩트체크 기사로 탈바꿈하게 된다.

핵심은 AI가 해준 초안을 "베이스라인"으로 활용하되, 최종 책임 편집과 검증은 기자가 수행하는 것이다.

실제 현업에서도 일부 기자들은 ChatGPT 등의 초안 작성 기능을 활용해 기사의 뼈대를 잡고 시간을 절약하고, 그 후 사람이 다듬어 싣는 방식을 시도하고 있다. 다만 이때 반드시 팩트 오류가 없도록 재검증해야 함을 강조하고 싶다.

AI 도구 활용 사례 심화 분석: 국내 팩트체크 실제 적용

현재 국내 팩트체크 현장에서 AI 도구들은 어떻게 활용되고 있을까? 아직 일선 기자들이 생성형 AI를 전면에 내세워 팩트체크 기사를 쓰는 사례는 드물지만, 부분적으로 AI에 도움을 받은 사례들이 늘어나고 있다.

몇 가지 가상의 시나리오와 실제 가능성을 결합하여 살펴보자.

1) 사례 1: 정치인 연설 검증 - 한 기자가 국회에서 길게 진행된 정치인 연설의 사실 여부를 검증해야 했다. 그는 연설 녹취록을 통째로 AI에 입력하지는 않았지만, 대신 ChatGPT에 연설문 요약과 쟁점 추출을 요청했다.

AI는 방대한 연설문을 요약하면서 "주요 주장: A법안으로 경제성장률 2배 상승" 등 몇 가지 핵심 주장을 추출했다.

기자는 이 중 팩트체크 가치가 높은 부분을 골라 Perplexity로 해당 수치(A법안 이후 경제성장률 변화를 보여 주는 통계)를 찾았다. 또 Gemini를 통해 과거 발언과 비교도 해 봤다.

그 결과 정치인의 주장이 과장이라는 결론을 얻었고, 이를 바탕으로 팩트체크 기사를 작성했다.

이 과정에서 AI는 긴 연설에서 핵심을 가려 내고, 관련 데이터를 빠르게 찾아 주는 역할을 하여, 기자는 보다 효율적으로 검증을 완료할 수 있었다.

2) 사례 2: SNS 허위정보 조기 경보 - 팩트체크 전문 매체의 기자들은 xAI Grok을 활용해 트위터 등 SNS상에서 퍼지는 루머를 모니터링하고 있다.

예컨대 화재 사고 후 "방화범 외국인" 루머가 떠돌 때, Grok에 "현재 X에서 ○○사건에 대해 떠도는 주장"을 물어보면 관련 트윗들의 핵심 내용을 요약해 준다.

기자들은 이를 보고 초기 확산 중인 루머의 내용을 파악한 뒤, 곧바로 사실관계 확인 작업에 착수한다. 이때 경찰 발표 자료나 공식 보도 자료를 입수해 Perplexity로 사실 여부를 확인하고, 신속히 오보임을 밝혀내어 보도했다.

과거 같으면 SNS 구석의 루머를 확인하는 데 시간이 걸렸겠지만, Grok 덕분에 허위 정보를 조기에 발견하고 차단하는 기사가 가능했던 것이다.

이 사례에서 AI는 일종의 레이더 역할을 하여, 기자들이 놓칠 수 있는 초기 징후를 잡아내는 데 기여했다.

3) 사례 3: 복잡한 통계팩트 체크 - 한 경제 전문 기자는 정부의 새 경제지표 발표 내용 중 몇 가지 수치가 야당 주장과 다르게 제시된 것을 발견했다.

그는 ChatGPT의 코드 실행 기능(Advanced Data Analysis)을 활용하여, 정부 발표 자료와 과거 데이터를 직접 비교하는 파이썬 코드를 돌렸다. 몇 초 만에 AI는 지난 10년간 해당 지표의 추이 그래프와 수치 비교표를 생성해 주었고, 기자는 이를 통해 어느 쪽 주장이 사실에 가까운지 파악했다.

또한 Gemini에 그래프 이미지를 업로드하고 "이 그래프에서 특이점이 무엇인지 설명해 줘"라고 하여, AI로부터 "2020년에 일시적으로 급등" 등 눈에 띄는 포인트를 확인했다. 이를 바탕으로 기자는 팩트체크 기사에 정확한 수치 근거와 추이 해석을 담을 수 있었다.

이처럼 생성형 AI의 데이터 해석 보조는 사람 기자의 통계 분석 작업을 대폭 경감시켰다.

4) 사례 4: 해외 팩트체크 협업 - 국제적인 허위정보의 국내 확산을 막기 위해, 팩트체크 기자들은 영어권 자료를 신속히 검토해야 할 때

가 많다.

최근 한 해외 정치인의 발언이 왜곡되어 한국에 전해졌을 때, 기자는 Perplexity의 학술 모드로 해당 발언 관련 해외 기사와 보고서를 찾았다. 동시에 ChatGPT에 그 영문 기사들을 요약 번역하도록 요청해 핵심만 파악했다.

또한 미국 팩트체크 기관의 분석을 Gemini로 검색하여 참고했다. 이런 도구들의 도움으로 언어 장벽을 넘어 정확한 맥락을 파악한 기자는, 왜곡된 번역으로 퍼진 국내 주장을 효과적으로 반박하는 팩트체크를 냈다.

여기서 AI는 실시간 번역가 겸 리서처 역할을 수행하며, 국제 협업 팩트체크의 생산성을 높였다.

AI 시대에 팩트체크 기자의 역할

생성형 AI 시대에 팩트체크 기자의 역할은 더욱 중요해지고 있다. AI는 방대한 데이터를 빠르게 처리하고 초안을 제공하는 등 놀라운 능력으로 기자를 도울 수 있지만, 진실을 가려내는 최종 판단자는 여전히 인간이다.

기자들은 AI의 장단점을 정확히 이해하고, 도구를 통제하면서 활용해야 한다.

1) AI를 도구로 인식하라: AI는 만능 해결사가 아니라 팩트체크 과정을 보조하는 도구다. 최종 확인과 책임은 기자에게 있음을 항상 염두에 둬야 한다. AI의 출력물을 맹신하지 말고, 참고 자료 정도로 활용하는 자세가 필요하다.

2) 상황에 맞는 도구를 선택하라: 각 AI의 강점을 최대한 활용하기 위해, 검증 과제에 따라 적합한 도구를 써야 한다. 방대한 자료 요약이나 창의적 서술이 필요하면 ChatGPT, 논리 검증은 Google Gemini, 근거 자료 검색과 출처 확보는 Perplexity, SNS 동향 파악이나 실시간 정보 캐치는 xAI Grok 등이 유용하다. 각 도구의 업데이트 동향도 주기적으로 파악해 가장 성능이 좋은 도구를 적재적소에 쓰도록 하는 게 필요하다.

3) 프롬프트를 전략적으로 설계하라: 질문을 던질 때 구체적이고 명확하게 하며, 필요하면 단계를 나눠서 묻는다. AI에게 팩트체크 과정의 프레임워크를 잡아 달라고 하거나 여러 차례 질의응답을 통해 점진적으로 정확도를 높이는 접근이 좋다. 원하는 답변 형식이나 참조할 자료 방향도 프롬프트에 담아야 AI가 헤매지 않는다.

4) 교차검증과 출처 확인을 습관화하라: AI가 준 답이라도 반드시 두 번째, 세 번째 확인을 거쳐야 한다. Perplexity처럼 출처가 달린 답은 직접 해당 페이지를 열어보고, ChatGPT나 Gemini 답은 다른 검색엔진이나 도구로 동일 질의를 해보며 일치 여부를 살핀다. 특히 수치 데이터와 인용문은 원 출처와 일자, 수치, 표현이 정확히 일치하는지 대조해봐야 한다.

5) 민감한 영역은 인간의 확인으로 보완하라: AI가 다루기 어려운 감

성적·맥락적 요소(예: 뉘앙스, 풍자 여부)나 윤리적 판단이 필요한 부분은 기자의 판단으로 결정해야 한다.

또한 실제 사람 인터뷰나 현장 확인이 필요한 팩트는 AI에 맡기지 말고, 기자가 직접 수행해야 한다. AI는 데이터 기반 판단에만 활용하고, 사람만이 할 수 있는 취재의 몫을 잊어서는 안 된다.

6) 오류 발생 시 공유하고 학습하라: 만약 AI 활용 중 발생한 실수를 발견했다면, 그것을 동료들과 공유하여 모두가 교훈을 얻도록 한다. 예를 들어 잘못된 프롬프트로 인해 환각 정보가 나온 경우, 그 사례를 모아 두면 피할 수 있다.

사내 교육이나 기자 커뮤니티를 통해 AI 활용 팁과 함정을 지속적으로 업데이트해야 한다. 이는 새로운 AI 도입 시에도 큰 도움이 될 것이다.

7) 윤리와 투명성 고려: 기사 작성 시 AI가 큰 역할을 했다면, 내부적으로라도 그 사실을 기록해 두고 검증 프로세스를 남겨 둔다. 필요하면 독자에게 공개해 투명성을 확보하는 것도 신뢰에 도움이 된다. 그리고 AI의 편향이 기사에 스며들지 않도록 윤리적 감수성을 갖고 편집해야 한다.

생성형 AI는 기자의 적이 아닌 동료가 될 수 있다는 점을 강조하고 싶다.

정확한 사실 보도를 목표로 하는 기자의 사명을 달성하는 데 AI는 강력한 조력자다. 특히 팩트체크 분야에서 AI를 활용하면 정보 접근성과 검증 속도가 향상되어 허위정보에 한층 효과적으로 대응할 수 있다.

결국 중요한 것은 기자가 AI를 어떻게 활용하느냐다. 현업 기자들이 생성형 AI를 현명하게 활용하여 팩트체크 저널리즘의 영향력을 강화하길 기대한다.

3

언론사 AI 활용 팩트체크 매뉴얼

팩트체크 매뉴얼의 기본 원칙

오늘날 디지털 미디어 환경에서는 정보가 순식간에 확산된다.

특히 허위정보(가짜뉴스)는 사실보다 빠르게 퍼져 사회적 혼란을 부추기곤 한다. 실제 MIT 연구에 따르면 트위터에서 거짓 정보는 진실보다 6배나 빠르게 1,500명에게 도달했다고 한다.

이러한 상황에서 언론의 팩트체크(Fact-Checking) 기능은 그 어느 때보다 중요하다. 기자들은 잘못된 정보를 걸러 내어 사실에 기반한 정확한 보도를 제공함으로써 대중의 신뢰를 지켜야 한다.

한국의 뉴스 신뢰도는 32% 수준으로 조사 대상 46개국 중 하위권에 머무르고 있어 정확한 팩트체크를 통한 신뢰 회복이 언론계의 중요한 과제로 떠오르고 있다.

팩트체크란 단순히 기사 작성 전에 사실관계를 확인하는 것을 넘어, 공적인 주장이나 논점의 진위를 공개적으로 검증하여 그 결과를 보도하는 저널리즘 형식이다.

팩트체크 저널리즘은 정치인의 발언, 정부 발표, 소셜미디어상의 떠도는 주장 등 공개된 사실 주장의 참과 거짓을 판별해 독자에게 알려주는 것을 목표로 한다. 이를 위해 지켜야 할 기본 원칙이 있다.

1) 정확성 및 근거 중심: 모든 주장의 사실 여부를 검증 가능한 증거에 기반해 판단한다. 통계 수치나 공식 기록, 신뢰할 만한 데이터 등 객관적 자료를 활용한다.

2) 공정성과 비당파성: 정치적·경제적 이해관계에서 독립적으로 행동하며, 어떤 편향도 없이 중립적 자세로 사실을 확인한다. 팩트체크는 특정 입장을 옹호하지 않고 오직 사실 그 자체에 집중해야 한다.

3) 투명성: 확인한 출처와 과정을 독자에게 투명하게 공개한다. 어떤 경로로 정보를 확인했는지, 사용한 자료는 무엇인지 밝혀서 팩트체크의 신뢰성을 높인다. 필요한 경우 원문 자료나 인터뷰 내용도 공개한다.

4) 철저한 검증과 명확한 서술: 팩트체크 과정은 가능한 한 철저하고 면밀해야 하며, 결과를 독자가 이해하기 쉽게 명확한 언어로 전달해야 한다. 모호한 표현을 피하고 결론을 분명하게 제시한다.

5) 신속성과 책임: 잘못된 정보는 빠르게 확산될 수 있으므로 신속한 대응이 중요하지만, 속도보다 정확성이 우선이다. 또한 오류가 발견되면 즉시 바로잡고 정정한다.

부서별 개요 및 공통 팩트체크 전략 개괄

언론사 부서별 AI 활용 팩트체크 매뉴얼 구성

언론사는 여러 취재 부서로 구성되어 있으며, 각 부서는 담당 분야의 특성상 다루는 주요 이슈와 팩트체크 포인트가 다르다.

정치부, 경제부, IT · 과학부, 사회부, 문화부, 스포츠부 등 각 부서는 각기 다른 주제를 다루지만 팩트체크에 대한 기본적인 접근법에는 공통점이 있다.

부서별 취재 영역의 개요를 간략히 살펴보면 다음과 같다.

1) 정치부: 선거, 국회 입법, 정부 정책과 같은 국내 정치 현안을 다룬다. 정치인과 공직자의 발언, 정책 효과에 대한 주장 등이 주요 검증 대상이다.

2) 경제부: 거시경제 지표, 재정 정책, 금융·산업 동향 등 경제 관련 이슈를 다룬다. 각종 통계 수치(성장률, 실업률 등)나 경제정책의 영향에 대한 주장 등이 검증 대상이다.

3) IT·과학부: 신기술, 과학 연구, ICT 산업 등의 기술·과학 이슈를 담당한다. 새로운 기술에 대한 효능 주장이나 과학적 사실 여부(예: 백신 관련 정보 등) 등이 팩트체크 주제다.

4) 사회부: 범죄, 교육, 복지, 보건 등 사회 전반의 이슈를 다룬다. 사회적 사건·사고 관련 소문이나 정부의 사회 정책 효과 등에 대한 사실 확인이 요구된다.

5) 문화부: 예술, 방송/연예, 생활문화 등의 문화적 사안을 다룬다. 작품이나 인물에 대한 풍문, 역사적 사실 고증, 문화행사 관련 정보 등이 검증 대상이 될 수 있다.

6) 스포츠부: 스포츠 경기 결과, 선수 기록과 같은 스포츠 분야를 담당한다. 경기 기록의 진위나 선수 관련 루머, 스포츠 규정 등에 대한 확인 작업이 있을 수 있다.

7) 국제뉴스부: 해외에서 발생한 뉴스를 보도한다. 외신 보도 내용의 사실 여부나 다른 국가에 대한 소식의 진실성 등을 검토하며, 번역 과정에서의 오역 여부 확인도 포함된다.

8) 전국부: 서울 등 수도권 이외 전국 각 지역의 뉴스를 다룬다. 지역별 이슈나 지방자치단체 발표 내용, 지역에서 떠도는 소문 등이 팩트체크 대상이다.

9) 사진부: 사진 기자 및 에디터 부서로, 보도에 사용되는 이미지의 진위를 다룬다. 사진이나 영상의 조작 여부, 촬영 맥락의 사실 확인(예: 언제 어디서 찍혔는지) 등이 중요하다.

10) 미국 특파원 및 영문뉴스부: 미국 현지 소식과 자사의 영문 뉴스 서비스를 담당한다. 미국 정치·사회 이슈의 사실 확인, 영문 기사의 정확한 번역과 사실관계 검토가 이루어진다.

11) 중국 특파원: 중국 현지의 뉴스를 전하며, 중국발 정보의 사실 검증을 수행한다. 현지 매체나 SNS발 소식의 진위 파악, 문화적 차이에 따른 오해 소지 확인 등이 과제다.

12) 외국어 뉴스부: 영문 이외의 다른 외국어로 뉴스 서비스를 제공하거나 해외언론 모니터링을 한다. 다국어로 전달되는 정보의 정확한 번역과 검증, 외신 인용 보도의 진위 확인이 핵심이다.

13) 논설위원실: 사설 및 칼럼 등 논평 기사를 작성한다. 의견을 다루지만 그 근거로 제시되는 사실과 데이터의 정확한 검증이 필요하다.

14) 독자제보부: 독자가 제공하는 제보나 투서의 사실 여부를 확인하는 부서이다. 제보 내용에 대한 교차검증과 허위 제보 가려내기가 주요 임무다.

이처럼 각 부서별로 다루는 영역은 다양하지만, 팩트체크 전략에는 공통된 기본 접근법이 적용된다. 모든 부서에 공통적인 팩트체크 절차의 요점은 다음과 같다.

1) 검증 대상 식별: 기사의 소재나 제보 중 사실 여부가 불확실한 주장을 식별한다. (예: 정치인의 통계 인용, 인터넷에 떠도는 루머, 숫자나 사실관계 등)

2) 1차 출처 확인: 가능하면 원본 출처를 직접 확인한다. 공식 보고서, 법령 전문, 통계 원자료, 인터뷰 녹취록, 영상 기록 등 1차 자료에 접근하여 해당 주장의 진위를 살핀다.

3) 교차 검증: 하나의 출처만으로 확신하기 어려울 때 복수의 출처로 교차 검증한다. 여러 기관의 자료를 비교하거나, 동일 사안을 다룬 외신 · 타매체 보도를 함께 검토해 사실 여부를 확인한다.

4) 전문가 자문: 복잡한 사안이거나 전문 지식이 필요한 경우 분야별 전문가에게 자문을 구한다. 학계 전문가, 관련 업계 종사자, 관계 당국의 설명 등을 통해 자료를 보완한다.

5) 디지털 검증 도구 활용: 검색 엔진을 통한 심층 검색, SNS 모니터링 도구, 이미지 검증 도구(예: 구글 이미지 검색) 등을 적극 활용한다. 필요하면 AI 도구도 보조적으로 사용한다. 예를 들어 긴 연설문의 사실관계 확인을 위해 AI 요약을 활용하거나, 외국어 자료 번역에 AI 번역기를 써 볼 수 있다. 다만 AI가 제공한 정보는 반드시 사람이 재확인해야 하며, AI 산출물에 지나치게 의존해서는 안 된다.

6) 맥락 및 전후 사정 고려: 단순히 사실 여부(True/False) 판정에 그치지 않고, 맥락을 설명하여 독자가 충분히 이해하도록 한다. 어떤 주장이 어떤 맥락에서 나왔고, 사실인 부분과 아닌 부분이 무엇인지 균형

있게 전달한다.

7) 명확한 결론 제시: 팩트체크 결과를 독자에게 한눈에 들어오도록 명확히 알려 준다. 필요한 경우 사실 여부에 대해 등급(예: 진실, 대체로 사실, 절반의 사실, 대체로 거짓, 거짓) 등을 활용하거나, "○○는 사실이 아닙니다"처럼 간결한 문장으로 결론을 요약한다.

8) 중립적 표현과 어조: 팩트체크 기사는 발견된 사실을 있는 그대로 전하되, 감정적 표현이나 주관적 평가를 지양한다. 중립적이고 객관적인 어조를 유지하며, 검증 과정에서 발견된 근거들에 근거해 논리를 전개한다.

9) 지속적인 업데이트와 정정: 팩트체크 후 새로운 정보가 나오면 업데이트하고, 만약 잘못된 검증이나 추가로 확인된 사실이 있다면 정정 보도를 통해 바로잡는다. 팩트체크 역시 끊임없이 진화하는 과정임을 염두에 둔다.

정치부 팩트체크 일반 매뉴얼

1. 자주 다루는 주제와 주요 쟁점 유형: 정치부 기자들은 선거 공약, 국회 입법 과정, 정부 정책의 효과, 정당 간 논쟁, 정치인의 발언 등을 자주 접하게 된다.

특히 선거철 공약 검증이나 국정감사 등의 상황에서 쏟아지는 통계 및 사실 주장이 핵심 팩트체크 대상이다.

예를 들어 "청년 실업률이 사상 최고치다", "우리 당 정부 때 경제성장률이 더 높았다"와 같은 주장이 대표적이다. 또한 고위 공직자의 발언이나 각종 정치적 의혹 제기에 대한 사실 여부 확인도 주요 업무다.

2. 팩트체크 적용 절차 및 도구(AI 활용 포함): 정치 분야 팩트체크에서는 기본적으로 공식 기록과 통계 데이터 확인이 필수다.

1) 절차: ① 발언 원문 확보 - 국회 회의록, 방송 토론 녹취 등에서 문제의 발언이나 주장을 정확히 추출한다.

② 근거 자료 조사 - 해당 발언과 관련된 법률 조항, 정부 공식 통계(KOSIS 등), 예산 자료, 선거관리위원회 자료 등을 확인한다. 예를 들어 선거 관련 주장은 선관위의 선거통계시스템을 참조하고, 경제 수치는 통계청 자료를 활용한다.

③ 맥락 파악 - 발언이 나온 배경(시점의 상황, 전제 조건 등)을 살펴 사실 여부 판단에 반영한다.

④ 전문가 의견 - 필요시 경제연구소 연구원이나 정치평론가 등 제3자의 견해를 물어 사실 관계를 교차 검증한다.

⑤ AI 도구 활용 - 방대한 회의록에서 키워드를 찾아 주는 자연어 검색 도구나, 정치인 발언의 빈도나 패턴을 분석하는 간단한 스크립트/프로그램을 활용할 수 있다. 또한 긴 연설을 요약하거나 주요 쟁점을

추출하는 데 AI 요약 도구가 도움이 될 수 있다. 다만 AI가 제시한 요약이 맥락을 놓칠 수 있으므로 원문 대조를 통해 검증한다.

2) 도구: 국회회의록 시스템, 법제처 나라법 정보시스템(법령 검색), 통계청 KOSIS, 각 부처 공개 데이터, 서울대 팩트체크 사이트(국내 여러 언론 팩트체크 모음), 구글 고급검색, 소셜미디어 모니터링 도구 등이 활용된다.

3. 실제 팩트체크 사례: 2022년 대선 당시 여러 언론사가 후보자 주장에 대한 팩트체크 기사를 내놓았다. A후보가 토론회에서 "우리 정부 시절 일자리 예산을 대폭 늘렸다"고 주장했을 때, 이에 대해 언론은 과거 예산안을 검토하여 해당 주장이 사실과 다른 것을 밝혀낸 바 있다.

연합뉴스 팩트체크부도 "최대 수백억 원 든다는데…대선 비용 부담은"이라는 기사에서 선거 비용의 부담 주체에 대한 궁금증을 해소하기 위해 관련 법령과 역대 사례를 분석했다. 온라인 커뮤니티에서 제기된 "대선에서 일정 득표율을 넘으면 선거비용을 전액 보전받는다"는 이야기에 대해, 실제 공직선거법 규정을 확인하여 득표율 15% 이상인 후보는 선거비용 전액을 국가로부터 보전받는다는 사실을 전했다.

이처럼 정치부 팩트체크는 법령과 통계에 근거한 정확한 정보를 제공하여, 잘못된 속설이나 주장을 바로잡는다.

4. 대표적 오보 사례 또는 명백한 허위 정보: 정치 분야에서는 선거 관련 허위정보가 특히 큰 파장을 일으킨다.

과거 한 언론에서 국회의원이 하지 않은 말을 한 것으로 잘못 보도했다가 CCTV와 녹취 확인을 통해 오보를 인정하고 정정한 일이 있었다. 이처럼 정치부에서는 작은 오류도 정치적 파장으로 번질 수 있어 각별한 주의가 필요하다.

5. 팩트체크 프레임 예시 및 관련 프롬프트 문장: 정치기사에서 팩트체크를 도입할 때는 독자가 관심을 가질 만한 질문 형태로 제시하면 효과적이다.

프레임 도입: "○○ 후보는 '△△△'라고 주장했습니다. 과연 이 주장은 사실일까?" - 정치인의 핵심 주장을 인용하고, 곧바로 의문을 제기하여 팩트체크로 이어 가는 방식이다.

검증 과정 서술: "우선 △△ 관련 공식 통계를 확인해 보면…", "○○법 ○조를 보면 …로 명시되어 있습니다."와 같이 검증 절차를 독자에게 보여 주는 문장을 활용한다.

6. 결론 제시: "취재 결과, 해당 주장은 사실과 다르다는 것이 확인되었습니다.", "종합하면 ○○의 발언은 일부 사실이나 중요한 맥락을 빼놓았습니다." 등의 문장으로 검증 결과를 명료히 전한다. 특히 팩트체크 결과 문장은 기사 말미에 단정적인 형태로 제시해 독자의 이해를

돕는다. (예: "팩트체크 결과, △△ 주장은 사실이 아니다.")

7. 사용 가능한 주요 데이터 출처와 분석 도구: 정치부 팩트체크에 유용한 데이터 출처는 다양하다. 앞서 언급한 통계청, 선거관리위원회 외에도 국회의 법안 정보시스템 (발의안 및 법률 내용 조회), 각 정당의 정책자료, 감사원 · 국회예산정책처 보고서 등이 있다.

국제 비교가 필요할 경우 OECD, IMF 등의 데이터베이스도 활용된다. 분석 도구로는 Excel이나 R/Python을 사용해 방대한 데이터를 가공하거나, Txt Miner 같은 도구로 정치인 발언량을 계량 분석하기도 한다.

8. 부서 특성에 맞춘 스타일 가이드 (언어와 강조점 등): 정치부 팩트체크 기사를 작성할 때는 정중하면서도 단호한 어조를 유지해야 한다.

정치적 중립성을 지키기 위해 어느 한쪽 입장에 치우치지 않는 어휘를 선택하고, 예를 들어 "거짓말"처럼 자극적인 표현보다는 "사실과 다르다"라는 식으로 절제된 표현을 쓴다.

인용구는 정확히 따옴표로 표기하고, 인용 출처(누가 언제 한 말인지)를 분명히 밝혀야 한다. 또한 독자가 정치적 맥락을 쉽게 이해하도록 배경 설명을 간략히 덧붙이되, 팩트체크의 흐름을 해치지 않도록 균형을 잡아야 한다.

숫자나 법률 용어 등은 정확한 원어를 사용하되, 필요하면 괄호 등을 통해 쉽게 풀어서 설명한다.

헤드라인에는 팩트체크 대상 주장을 요약하면서도 결과를 암시해 홍미를 끌되, 결과를 바로 단정짓지는 않는 형식이 바람직하다. (예: “○○ 주장, 사실은 이렇습니다” 등).

경제부 팩트체크 일반 매뉴얼

1. 자주 다루는 주제와 주요 쟁점 유형: 경제부는 거시경제 지표(성장률, 물가, 실업률 등), 재정 및 예산, 산업 정책, 기업 이슈 등을 폭넓게 다룬다. 그만큼 팩트체크 대상도 다양하다.

예를 들어 “올해 경제성장률이 역대 최고치”라는 식의 통계 인용 주장, “정부 부채비율이 위험 수준” 같은 재정 관련 주장, “○○기업의 신기술이 세계 최초”와 같은 기업 홍보성 주장 등이 있다. 또 부동산 시장이나 주식시장에 대한 근거 없는 전망이나 소문 (“집값 곧 반토막 난다” 등)도 검증이 필요한 대표적 경제 허위정보다.

국제경제 동향에 대한 오해(예: “미국이 금리를 올리면 한국도 자동으로 올려야 한다”는 등)도 발생하기 쉬워 사실 관계를 짚어 줘야 한다.

2. 팩트체크 적용 절차 및 도구(AI 활용 포함): 경제부 팩트체크는 숫자와 데이터의 정확성 검증이 핵심이다.

1) 절차: ① 공식 통계 확인 - 경제지표는 통계청, 한국은행, 국제기구(IMF, WB) 등의 공식 통계 데이터베이스에서 정확한 수치를 확인한다. 언급된 수치가 최신 데이터와 맞는지, 혹은 맥락에 따라 다른 지표를 써야 하는지 검토한다.

② 출처 비교 - 동일한 지표라도 기관별 수치가 다를 수 있으므로(예: 실업률 정의 차이 등) 통계의 산출 방식과 출처를 교차 검증한다.

③ 정책 내용 검증 - 정책 효과나 제도에 대한 주장은 관련 법령, 시행령, 정부 보도자료를 찾아 사실관계를 확인한다. "금융지원이 전혀 없다"는 주장에 대해서는 실제 예산 편성이나 지원 프로그램 존재 여부를 따져 본다.

④ 맥락 파악과 전문가 견해 - 경제 데이터는 추세와 맥락이 중요하다. 단순 수치 비교는 오해를 낳을 수 있으므로, 과거 추이와 국제 비교 등을 통해 맥락을 설명한다. 필요시 경제학자나 애널리스트의 견해를 들어 해당 주장에 대한 해석을 덧붙인다.

⑤ AI 및 소프트웨어 활용 - 방대한 경제 데이터를 다룰 때는 프로그래밍 도구(Python의 Pandas 등)나 시각화 툴을 써서 데이터를 분석한다. AI를 활용해 복잡한 경제 보고서를 요약하거나, 다수의 뉴스기사에서 공통 주장 추출하는 작업을 할 수도 있다. 또한 챗GPT 등의 언어모델에 "이 통계 수치의 출처를 알려 줘"와 같이 프롬프트를 입력해 참고자료를 찾을 아이디어를 얻을 수도 있지만, 결국 최종 확인은 기자의 몫이다.

2) 도구: 국가통계포털(KOSIS), 한국은행 경제통계시스템(ECOS), 금융감독원 전자공시(DART) 시스템, IMF/세계은행 데이터, OECD 통계, 재정정보 공개시스템, 각종 경제 연구 보고서(KDI, 연구원 자료) 등이 기본 도구다. 데이터 분석에는 Excel은 물론 Python/R을 활용한 통계 분석도 유용하며, 시각적 확인을 위해 간단한 그래프를 그려 추세를 파악하기도 한다.

3. 실제 팩트체크 사례: 최근 경제이슈 중 하나로 물가상승률에 대한 논쟁을 들 수 있다. "한국의 물가 상승이 OECD 최고 수준"이라는 주장이 언론에 제기된 적 있다. 이에 대해 팩트체크 기사에서는 OECD 통계를 직접 확인하여 한국의 소비자물가 상승률이 중간 정도 수준이며, 일부 신흥국이나 미국 등 몇몇 국가가 더 높았다는 사실을 알렸다.

또 다른 사례로, "국민연금이 곧 고갈된다"는 보도가 나왔을 때, 연금재정 계산서와 정부 계획을 검토해 현 제도하에서 예상 고갈 시점은 몇 년이며 어떤 조건에서 달라지는지 정확히 짚은 기사가 있었다. 이 기사는 막연한 불안감을 줄이고 근거 있는 수치를 제시했다는 평가를 받았다.

국제 분야에선 "일본의 부채비율 200%이지만 문제 없다더라"는 식의 주장에 대해 일본과 한국의 경제 여건 차이를 분석하여, 직접 비교의 한계를 설명한 팩트체크도 있었다.

4. 대표적 오보 사례 또는 명백한 허위 정보: 경제 분야 오보 중 유명한 것으로 주가조작 또는 기업 관련 루머 보도가 있었다.

과거 어떤 언론은 "○○기업이 해외에서 1조 원 대 투자를 유치했다"는 익명의 정보를 확인 없이 보도했다가, 해당 기업이 공식 부인하고 사실무근으로 드러나 기사 취소 및 정정한 사례가 있었다.

또한 부동산 정책과 관련해 "분양가상한제로 집값 반값 된다"는 식의 극단적 전망이 전문가 의견처럼 보도되었으나, 실제로는 근거 약한 추측으로 판명되어 논란이 된 경우도 있었다.

통계 오해로 인한 오보도 흔한데, 가령 실업률 지표 해석을 잘못해 취업자 수 감소를 증가로 오역한 기사가 있었고, 나중에 정정된 사례가 있었다. 이러한 사례들은 경제부 기자에게 숫자 해석의 엄밀함과 신중함이 얼마나 중요한지 보여 준다.

5. 팩트체크 프레임 예시 및 관련 프롬프트 문장: 경제부 팩트체크는 독자들이 어렵게 느낄 수 있는 숫자와 개념을 다루므로, 쉬운 프레임과 비유 등을 적절히 사용하면 좋다.

프레임 도입: "요즘 '○○지표가 나쁘다'는 말이 많습니다. 정말 그럴까요?"처럼 독자의 궁금증을 불러일으키는 질문형 도입이 효과적이다. 또는 "△△ 수치, 사실은 이렇습니다"처럼 주장과 실제를 대비시키는 제목을 쓸 수도 있다.

검증 서술: "통계청 자료를 보면 ○○지표는 지난해 △%에서 올해

▲%로 변화했습니다.", "법령상으로는 △△가 맞지만, 적용 대상이 전체의 x%에 불과합니다." 등으로 사실 데이터를 제시하는 문장을 사용한다. 또한 "전문가들은 이 수치에 대해 ○○이라는 점을 지적합니다"처럼 전문가 코멘트를 곁들여 이해를 도울 수 있다.

6. 결론 정리: "결론적으로, ○○라는 주장은 과장된 것으로 판명되었습니다.", "따라서 '△△'라는 말은 사실이지만, 일반에 알려진 것만큼 극단적 상황은 아닙니다." 등으로 사실 여부와 그 의미를 정리한다. 숫자 결과는 "…임이 수치로 확인됩니다"처럼 확정적으로 말해 주고, 잘못된 부분은 "…는 사실이 아닌 것으로 드러났습니다"라고 명시한다.

7. 사용 가능한 주요 데이터 출처와 분석 도구: 경제 팩트체크에 자주 쓰이는 데이터로는 앞서 언급한 정부 및 국제기구 통계 외에, 금융 및 시장 데이터를 위해 블룸버그, 한국거래소(KRX) 자료, 각 기업의 재무제표, 통계청 마이크로데이터(보다 상세한 분석용), 취업포털 통계(구인구직 동향) 등이 있다.

부동산의 경우 국토교통부 실거래가 공개시스템이나 한국부동산원 통계가 활용된다.

또한 경제부 기자들은 엑셀 피벗테이블을 활용해 방대한 통계를 정리하는 경우가 많다. AI 도구로는 ChatGPT나 Bing AI에 특정 경제 사실의 개념 설명을 물어보거나(예: "○○란 무엇인지 설명해 줘"), 방대한 자료 요약을 부탁해 볼 수 있지만, 최종 기사에는 반드시 공식 자료로 교차 검증한 내용만 사용해야 함을 유의해야 한다.

8. 부서 특성에 맞춘 스타일 가이드: 경제 기사는 정확한 숫자와 용어 사용이 생명이다. 팩트체크 기사에서도 인용하는 모든 숫자는 원 단위까지 검산하거나, 퍼센트 변화는 직접 계산하여 검증한다.

단위 표기(억원 vs 조원 등)를 통일하고, 가능하면 비교 대상이 잘 드러나도록 상대적인 표현도 곁들인다 (예: "전년 대비 △% 증가"). 전문용어가 등장하면 간단한 해설을 붙여 독자의 이해를 돕는다.

예를 들어 "기저효과"라는 용어를 사용했다면 "(전년도 수치의 영향으로 올해 증가율이 높아 보이는 현상)"처럼 설명한다.

인용 보도를 할 때는 해당 발언이 나온 날짜와 맥락(국회 발언, 기자회견 등)을 명시해 주고, 가능하면 "라고 말했다" 대신 "라고 ○○는 주장했다"처럼 검증 대상임을 드러내는 어휘를 선택한다.

제목이나 본문에서 지나치게 단정적인 표현("경제 폭망" 등 속어에 가까운 표현)은 피하고, 팩트체크의 엄밀함에 걸맞게 차분한 톤을 유지한다.

다만 독자 친화력을 위해 비유나 쉬운 예시를 활용할 수 있으며, "○○는 가계부로 치면 적자를 늘려서라도 당장 소비를 부양한 셈" 등으로 비유하면 경제 개념을 풀어쓰는 데 도움이 된다.

IT · 과학부 팩트체크 일반 매뉴얼

1. 자주 다루는 주제와 주요 쟁점 유형: IT · 과학부는 첨단 기술, 과학 연구 성과, 인터넷 이슈, 기술기업 동향 등을 취재한다.

팩트체크 대상은 기술의 효과나 안전성에 대한 주장, 과학적 사실 여부, 각종 루머 등이다. 자주 다루는 주제로는 "○○ 기술이 암을 치료한다"와 같은 과장된 의학 · 과학 효능 주장, "5G 전자파는 인체에 해롭다" 등의 기술 위험성 논란, "NASA가 올해 말에 지구 멸망을 예측했다" 같은 근거 없는 음모론 등이 있다.

또한 AI 관련해서 "AI가 곧 인간을 대체한다"는 식의 추측성 주장이나, 인터넷상 퍼지는 가짜 과학 정보(예: 특정 음식이 코로나에 특효약이다 등)도 검증 대상이다.

기술기업의 발표("세계 최초", "정확도 99%" 등)도 사실 여부를 따져볼 필요가 있다.

2. 팩트체크 적용 절차 및 도구(AI 활용 포함): IT · 과학 분야는 전문 지식의 활용과 실험 데이터 검증이 중요하다.

1) 절차: ① 공식 연구 및 문헌 확인 - 과학적 주장이라면 학술 논문이나 공식 보고서를 찾아 해당 내용이 검증된 것인지 확인한다. 예를 들어 어떤 치료법의 효과 주장은 의학저널에 실린 임상시험 결과를 확

인해야 한다. 기술 스펙 주장은 제조사의 화이트페이퍼나 국제 표준 문서를 참조한다.

② 전문가 인터뷰 - 새로운 기술이나 과학 이슈는 기자 혼자 판단하기 어려운 경우가 많으므로, 해당 분야의 대학 교수나 연구원, 공학자 등의 전문가에게 사실 여부와 견해를 묻는다. 이때 전문가에게 "실제로 그런 효과가 입증되었나요?"처럼 핵심을 짚는 질문을 던져 팩트를 확인한다.

③ 재현 가능성 테스트 - 가능하다면 간단한 과학 실험이나 기술 테스트를 통해 검증해 볼 수도 있다. 예를 들어 "○○ 앱이 정말 광고대로 10초 만에 동작하는지" 실제 사용해 보는 식이다. 물론 전문 실험실 수준의 재현은 어렵지만, 사용자 관점의 팩트체크도 의미가 있다.

④ 신뢰할 만한 출처 검색 - 국내에 자료가 없으면 해외 공신력 있는 기관(FDA, WHO, IEEE 등)의 발표나 해외 언론의 팩트체크를 찾아본다. IT · 과학 루머는 국제적으로 돌기 때문에 팩트체크 전문 사이트(Snopes 등)에 사례가 올라온 경우가 있어 참고한다.

⑤ AI 도구 활용 - 과학 분야 논문을 찾을 때 시맨틱 스칼라(Semantic Scholar) 같은 AI 기반 논문 검색엔진을 활용하거나, 방대한 기술 포럼에서 유사 질문을 찾아 주는 AI Q&A 시스템(StackExchange의 AI 등)을 사용할 수 있다. 또한 복잡한 기술 설명을 기사용으로 쉽게 풀기 위해 ChatGPT에 "○○을 일반인이 이해하도록 설명해 줘"라고 물어보는 등 요약/설명 용도로 AI를 활용할 수 있다. 그러나 생성된 설명이 정확한

지 다시 전문가 리뷰를 받는 것이 좋다.

2) 도구: AI 활용으로는 GPT-계열 모델, Bing의 코파일럿 검색 등이 있으며, 프로그래밍 관련 팩트체크에는 직접 코드를 실행해 보는 것도 방법이 될 수 있다.

3. 실제 팩트체크 사례: 팬데믹 시기에 "마스크를 오래 쓰면 산소 부족으로 위험하다"는 주장이 SNS에서 퍼졌는데, IT · 과학부나 의학 담당 기자들이 나서서 팩트체크를 한 바 있다. 해당 주장에 대해 의학논문과 전문가 의견을 통해 일반적인 마스크 착용은 혈중 산소포화도에 영향이 없으며 안전하다는 사실을 밝혔다.

또 "휴대폰 방사능으로 암 발생" 루머에 대해서는 국제암연구소(IARC)의 연구 결과와 각국 규제치 자료를 인용하여, 휴대폰 전자파와 암의 인과관계는 입증되지 않았다고 팩트체크했다.

IT 분야에서는 "모 사의 AI 스피커가 사용자 대화를 몰래 녹음해 회사에 전송한다"는 소문이 돌았을 때, 제품 기술문서와 전문가 분석을 통해 그런 기능은 없으며 이용자 오해라는 기사가 나왔다.

과학부 기자들은 또한 "지구평면설"이나 "달 착륙 음모론" 같이 주기적으로 등장하는 음모론에 대해서도, 역사적 자료와 과학적 증거(위성사진, 레이저 반사 실험 결과 등)를 들어 반박하는 팩트체크를 제공하고 있다.

4. 대표적 오보 사례 또는 명백한 허위 정보: IT · 과학 분야의 오보로 유명했던 사건 중 하나는 황우석 사태처럼 초기 보도가 사실로 단정했다가 번복된 경우다. 세계적 줄기세포 연구 성과라고 보도했지만 훗날 데이터 조작으로 판명된 사례에서 보듯, 과학뉴스에서는 초기 검증 미흡이 큰 오류로 이어질 수 있다.

또 기술 업계에서는 "○○ 기능 탑재 확정"이라고 익명 정보원을 인용한 기사가 나갔으나, 실제 제품에는 해당 기능이 없었던 경우들이 발생한다. 이는 출처 불분명한 정보를 충분한 검증 없이 보도한 오보 사례다.

명백한 허위 정보로는 "지진 발생 시 휴대폰 전자파가 지진을 더 키운다"는 식의 과학적 근거 없는 괴담이 있다. 언론이 이를 잘못 받아쓰면 공포를 조장할 수 있기 때문에 과학부에서는 이러한 가짜 정보를 바로잡는 역할을 해야 한다.

5. 팩트체크 프레임 예시 및 관련 프롬프트 문장: IT · 과학 기사에서는 팩트체크 대상 주장 자체가 전문용어일 수 있으므로, 프레임을 잡을 때 쉽게 풀어 주는 것이 포인트다.

프레임 도입: "'○○ 기술로 만병통치가 가능하다'는 주장이 나오는데, 과연 사실일까?"처럼 전문 주장을 그대로 인용하되 쉽게 설명을 덧붙이는 도입이 좋다. 또는 "인터넷에 떠도는 △△설, 사실은 무엇인가"와 같이 루머를 제목으로 직접 제기하고 검증하겠다고 선언한다.

검증 진행: "먼저, 관련 분야의 연구 결과를 찾아봤습니다. ○○ 저널에 따르면…"으로 연구 자료 확인 과정을 서술한다. "전문가들은 한 목소리로 △△는 아직 증거가 부족하다고 말합니다"처럼 전문가 의견 요약문을 넣어 설득력을 높인다. 기술 팩트체크의 경우 "직접 실험해 본 결과, 예상과 달리 ○○는 발생하지 않았습니다"처럼 기자의 실습 결과를 전달하는 문장도 생동감을 준다.

6. 결론 정리: "따라서 '○○'이라는 주장은 과학적 근거가 없습니다.", "결론적으로, 현재까지 증명된 바 없는 가설에 불과합니다."와 같이 검증된 결과를 분명히 한다. 혹은 "사실이 아니다"뿐 아니라, "다만 ○○ 분야의 연구는 진행 중이므로 향후 업데이트가 필요합니다."처럼 미지의 부분에 대한 언급도 균형 있게 넣는다.

7. 사용 가능한 주요 데이터 출처와 분석 도구: 과학 팩트체크에는 학술 논문 DB가 핵심이다. Nature, Science 등의 저널 홈페이지를 통한 검색이 필수적이다.

또한 각종 공공 연구소 데이터(기상청 지진 데이터, 질병관리청 감염병 통계 등)가 활용된다.

기술 분야는 IEEE, ACM 등의 논문과 RFC 문서(인터넷 표준) 등이 출처가 된다.

8. 부서 특성에 맞춘 스타일 가이드: IT·과학 기사 작성 시에는 전문성과 대중성의 균형이 중요하다. 팩트체크 기사에서도 정확한 기술·과학 용어 사용이 필요하지만, 괄호 안에 한 줄 설명을 붙여 주는 등 독자 배려를 해야 한다.

예를 들어 "mRNA 백신"이라고 쓰고 (전령RNA 방식 백신)이라고 덧붙이는 식이다. 근거 제시는 구체적으로 하되 너무 지엽적인 실험 수치까지 나열하지 않도록 한다. 복잡한 과정을 설명할 땐 단계별로 짚어 주는 전개("첫째, … 둘째, …")를 활용하면 이해를 돕는다.

또 하나 유의할 점은, 기술 분야 홍보자료를 인용할 때 검증되지 않은 수치를 사실인 양 쓰지 않는 것이다. "세계 최고" "혁신적" 같은 표현은 홍보 원문에 있다 해도 기자 서술로 가져올 땐 조건부 표현으로 바꾼다(예: 해당 회사 주장에 따르면…).

팩트체크 기사에서는 이러한 홍보 수치를 곧바로 반박하거나 사실 여부를 밝혀야 하므로, 애초에 어조를 조절해야 한다.

사회부 팩트체크 일반 매뉴얼

1. 자주 다루는 주제와 주요 쟁점 유형: 사회부는 사건·사고, 교육, 노동, 복지, 환경, 건강 등 국내 사회 전반을 다룬다.

팩트체크가 필요한 주제로는 범죄 사건과 관련한 소문이나 추측,

정부의 사회정책 효과에 대한 주장(“○○정책으로 범죄율 감소했다” 등), 또는 사회적 이슈에 대한 통계치 논쟁(“청소년 범죄가 늘고 있다” 등)이 있다.

또한 재난 상황에서 퍼지는 루머(“지금 ○○지역에 대규모 지진 예고됐다” 등)나, 의료·건강 정보의 사실 여부(“독감 백신 맞으면 코로나 면역 된다” 등)도 확인 대상이다.

SNS에서 확산되는 생활 속 괴담(“전자레인지에 플라스틱 용기 넣으면 암 걸린다” 등)도 사회부 차원에서 팩트체크할 수 있다.

정부나 지자체의 발표 중 실제와 다른 과장 또는 통계 착오가 없는지도 살핀다.

2. 팩트체크 적용 절차 및 도구 (AI 활용 포함): 사회부 팩트체크는 현장 확인과 자료 조사를 병행한다.

1) 절차: ① 현장 및 관계자 확인 - 사건 사고나 지역 루머의 경우 직접 현장을 취재하거나 관할 경찰·소방 등 공식 기관에 확인하여 사실관계를 파악한다. “○○지역에 연쇄 납치 사건 발생” 소문이 돌면 해당 지역 경찰서에 그런 신고가 있었는지 확인하는 식이다.

② 문서 및 데이터 검토 - 정책 효과나 통계 주장은 관련 부처의 공식 보고서나 발표 자료를 확인한다. 교육 문제라면 교육부 통계, 범죄율은 경찰청 통계 등을 활용한다.

③ 제3자 자료 교차검증 - 정부 발표를 검증할 때는 연구기관이나 시민단체의 조사 자료를 함께 검토하여 공식 통계와 차이가 있는지 살핀다. 필요하면 정보공개청구 등을 통해 보다 상세한 데이터를 입수하기도 한다.

④ 전문가 및 당사자 인터뷰 - 사회 이슈는 이해관계자가 다양하므로, 양쪽 입장을 모두 들어 보는 것이 중요하다. 팩트 자체의 확인도 필요하지만 맥락을 위해 예를 들어 정책의 수혜자/피해자, 현장의 담당자 인터뷰 등을 통해 발언의 진위를 확인하고 보완한다.

⑤ AI 도구 활용 - 방대한 커뮤니티 게시글 분석에 AI를 활용할 수 있다. 어떤 루머의 확산 양상을 보기 위해 수천 건의 SNS 글을 모아 키워드 빈도를 AI로 분석한다. 또는 글 내용 유사도 분석을 통해 최초 유포지를 추적하는 시도를 할 수 있다. 또한 OCR 기술을 써서 제보받은 문서나 이미지 속 텍스트를 추출해 진위를 검증하는 일도 있다.

2) 도구: 국가통계포털(KOSIS)의 사회통계, 경찰청 범죄 분석, 대법원 판결문 검색(사건 사실 확인용), 질병관리청 데이터, 기상청 재난정보, 소방청 구조 통계 등이 주로 활용된다. 또한 주요 병원의 의학정보, 각종 협회의 조사(예: 소비자보호원 자료)도 참고한다. SNS상의 루머 추적에는 트위터 고급 검색 등이 쓰인다. 정부의 사실확인 플랫폼(예: 정책언론보도해명자료)을 참고하기도 한다.

3. 실제 팩트체크 사례: 사회부 영역에서 흔히 접하는 팩트체크 사례로 범죄 관련 소문 검증이 있다.

일례로, 몇 년 전 "초등학교 앞에서 아이들을 노리는 범죄 조직이 있다"는 글이 지역 맘카페를 통해 퍼졌을 때, 기자들이 경찰에 확인한 결과 그런 신고나 첩보는 없던 것으로 밝혀졌다. 이에 대해 언론은 "○○ 납치설 사실무근" 기사를 통해 주민 불안감을 해소했다.

정부 복지정책에 대한 주장으로 "△△ 지원금은 부자들만 혜택 본다"는 비판이 제기된 경우, 해당 지원금 수혜자 소득분포 자료를 입수하여 대다수가 중·저소득층이었다는 팩트체크 보도가 있었다.

4. 대표적 오보 사례 또는 명백한 허위 정보: 사회부 오보로 자주 언급되는 것 중 사건 초기의 잘못된 보도가 있다.

큰 사고 직후 정확히 확인되지 않은 사망자 수나 원인을 추측 보도했다가 뒤집힌 경우들이 있다. 이는 긴박한 상황에서 속보 경쟁 때문에 검증을 소홀히 한 대표적 사례다.

또한 실종 사건에서 실종자가 범죄 피해를 당한 것으로 추정된다는 식의 단정 보도가 나갔지만, 실제로는 자발적 가출로 판명되어 해당 보도가 오보가 된 경우도 있었다.

명백한 허위정보로는, 재난 시 루머가 있다. "○월 △일 대지진이 올 것이다"라는 가짜 예언이나, "정부가 사실을 숨기고 있다"는 음모론이 그것이다.

언론이 이런 정보를 받아쓸 위험은 크지 않지만, SNS에서 확산될 경우 이를 기사화해 팩트체크하는 과정에서 검증 없이 루머를 재유포하지 않도록 특히 주의해야 한다.

5. 팩트체크 프레임 예시 및 관련 프롬프트 문장: 사회부 팩트체크 기사는 시민의 불안이나 궁금증을 직접 풀어주는 형태로 쓰는 것이 좋다.

프레임 도입: "○○ 사건과 관련해 이런 소문이 떠돕니다. '…' 과연 사실일까요?"처럼 소문의 핵심을 인용하면서 시작한다. 혹은 "SNS에 퍼진 △△영상, 진짜인가요?"처럼 독자가 바로 궁금증을 갖도록 유도한다.

검증 과정 설명: "취재진이 ○○경찰서에 확인한 결과, 그런 신고는 접수된 바 없었습니다.", "△△부의 공식 통계를 살펴보았습니다. 최근 5년간 자료에 따르면…" 등 확인 과정과 출처를 명시하는 문장을 쓴다. 제보를 다룰 때는 "제보 내용을 토대로 ○○기관에 문의해 사실 여부를 확인했습니다"와 같이 사실 확인 절차를 강조한다.

6. 결론 및 추가 조언: "결론적으로, 해당 소문은 사실이 아닌 것으로 드러났습니다.", "이는 과장된 주장으로, 실제 상황과 다릅니다."라는 팩트체크 결과 문장을 분명히 한다.

사회부 이슈의 경우 사실관계 정정에 그치지 않고 "이런 유언비어에 현혹되지 말고 공식 채널 정보를 참고하시기 바랍니다."처럼 독자들에게 주의 또는 안내 문구를 마지막에 덧붙이기도 한다.

7. 사용 가능한 주요 데이터 출처와 분석 도구: 사회부 팩트체크에서 신뢰할 만한 데이터 출처로는 정부 부처의 통계연보(교육통계연보, 범죄분석 등), 국회입법조사처 보고서, 각종 공공기관 공개 데이터(데이터포털의 사회 분야 자료), 지자체 통계 등이 있다.

또, 텍스트 마이닝을 통해 온라인 여론을 분석하거나, 단순 설문 결과의 신뢰성을 검증할 때 표본오차 계산을 위한 통계 툴도 사용한다.

8. 부서 특성에 맞춘 스타일 가이드: 사회부 팩트체크는 경우에 따라 피해자나 민감한 내용을 다룰 수 있으므로 신중한 표현이 중요하다.

미확인 정보를 검증한다 해도, 그 내용을 설명하는 과정에서 자극적인 부분은 상세히 반복하지 않고 핵심만 언급한다. 익명의 제보나 소문을 다룰 때는 "~라는 이야기가 돈다" 정도로 서술하고, 누가 처음 주장했는지 특정인을 지목하지 않는 것이 일반적이다.

개인정보나 피해자가 얽힌 사안은 프라이버시를 침해하지 않도록 주의하고, 필요시 이니셜이나 모자이크식 표현으로 대체한다.

또한 사회부 기사는 감정에 호소하는 어조를 경계해야 한다. 팩트체크에서는 "충격적", "분노할 만한" 같은 주관적 평가를 넣지 않는다. 대신 담담하게 사실을 기술하되, 독자들이 오해했을 법한 부분을 짚어주는 친절함은 필요하다.

"많은 분들이 이 부분에서 오해를 하는데, 실제로는…" 같은 설명을 통해 독자와 소통하는 어조를 가미할 수 있다.

부정확한 인용을 바로잡는 경우 원 발언을 최대한 정확히 싣고, 그에 대한 사실관계를 설명하는 형식을 지키며, 정정 보도에 준하는 엄밀함으로 작성한다.

문화부 팩트체크 일반 매뉴얼

1. 자주 다루는 주제와 주요 쟁점 유형: 문화부는 예술, 문학, 공연, 영화, 방송, 대중문화 등을 담당한다.

팩트체크 대상은 주로 문화계에서 회자되는 소식이나 인물 관련 정보의 사실 여부, 역사적 사실 고증, 콘텐츠에 등장한 정보의 진위 등이다.

예를 들어 "○○ 드라마의 역사 왜곡 논란"(사극 내용이 사실과 다른지 여부), "유명 배우 ○○ 결혼설"이나 "가수 △△ 표절 의혹" 같은 연예계 소문, "○○축제에 관객 수 조작 발표" 등의 주제가 있다.

또한 영화나 책에서 제기된 주장(예: 다큐멘터리에서 나온 사회 주장)이 사실인지 점검하는 경우도 있다.

문화재나 역사적 사건에 대한 잘못된 정보, 예컨대 "○○유적이 사실은 가짜" 같은 논란도 검증 대상이 될 수 있다.

2. 팩트체크 적용 절차 및 도구(AI 활용 포함): 문화부 팩트체크는 사실 확인뿐 아니라 맥락 설명에 중점을 둔다.

1) 절차: ① 기본 정보 확인 - 인물 관련 소식이라면 당사자의 소속사나 공식 채널을 통해 확인하고, 문화행사 정보는 주최측에 직접 문의한다. 예를 들어 결혼설은 소속사 공식 입장을 통해 진위를 파악한다.

② 기록과 데이터 조사 - 역사나 문화재 관련 논쟁의 경우 학계의 정설 및 연구 자료를 찾아본다. 박물관 자료, 역사학자 저서, 문화재청 데이터베이스 등을 검토해 사실관계를 확립한다.

③ 해당 분야 전문가 의견 - 예술 작품 해석이나 표절 시비처럼 판단이 필요한 주제는 평론가, 음악 전문가 등의 의견을 구해 다각도로 살핀다. 표절 의혹의 경우 멜로디 유사성 분석 같은 기술적 검토와 함께 음악평론가 견해를 듣는다.

④ 콘텐츠 원문 대조 - 영화/드라마 속 사실 여부는 해당 대본이나 원작, 혹은 참고한 자료를 직접 확인한다. 인용된 문헌이 있다면 원문을 검토하고, 번역 오류가 없는지도 살핀다.

⑤ AI 도구 활용 - 영상이나 음원의 비교에는 AI 기술이 활용될 수 있다. 예를 들어 표절 의혹 곡들을 오디오 분석툴로 파형이나 코드 진행 비교를 시도해 볼 수 있다. 대중 SNS에서 퍼지는 연예 뉴스는 크롤링 봇으로 확인되지 않은 기사가 얼마나 확산됐는지 파악하는 데 AI를 사용할 수 있다. 또한 GPT에게 "○○사건에 대해 알려진 사실 나열해줘"라고 요청해 빠르게 개요를 얻은 뒤, 그것을 토대로 신뢰 가능한 부분을 취사선택하여 검증하는 접근도 가능하다. 하지만 AI가 산출한 정보의 출처를 반드시 인간이 교차 검증해야 한다.

2) 도구: 문화재/역사 분야는 국사편찬위원회 자료, 문화재청 문화유산 정보, 각종 역사 논문 DB가 활용된다. 대중문화는 언론 보도 DB(KINDS 등)에서 과거 인터뷰나 기사 찾아보기, 음악의 경우 멜론/벅스 등의 데이터, 영상은 유튜브 등에서 실제 장면 확인 등이 필요하다. 팩트체크 전문 사이트가 문화 영역의 잘못된 정보를 다룬 사례(Snopes의 영화 루머 검증 등)도 참고할 수 있다. 또한 트위터, 인스타그램 등 공식 계정을 통해 공개된 사실(예: 결혼 발표)을 확인하는 것도 중요 도구다.

3. 실제 팩트체크 사례: 역사 왜곡 논란의 팩트체크 예로, 한 드라마가 조선시대 사건을 다루며 실제와 다르게 묘사한 부분이 문제가 되자 언론에서 역사학자의 견해를 인용해 "드라마 속 ○○장면은 실제 역사 기록에 없는 허구"라고 확인해 준 사례가 있다.

또한 영화 기반 사실검증 사례로, 영화에서 "○○기술로 기억 조작이 가능하다"는 설정이 등장했을 때 과학부와 협업하여 현실에서는 기술 수준이 그 단계에 이르지 못했음을 설명한 기사가 있었다.

연예계에서는 일상적으로 결혼, 열애, 불화설 등에 대한 확인 보도가 이루어진다. 최근에도 유명 연예인의 결혼설이 온라인에 퍼지자, 해당 배우 측의 부인 공식 입장을 기사화하여 팩트체크를 한 바 있다.

문화부 팩트체크는 이처럼 잘못된 풍문을 차단하거나, 콘텐츠 소비자의 올바른 이해를 돕는 역할을 한다.

4. 대표적 오보 사례 또는 명백한 허위 정보: 문화부 오보의 예로 흔히 드는 것은 연예인 사망 오보다.

해외에서 시작된 거짓 소문을 확인 없이 받아 썼다가 해당 연예인이 직접 생존을 알리며 해프닝으로 끝난 경우들이 여러 번 있었다.

또한 영화 리뷰 기사를 가장한 스포일러 유출이나, "관객 수 ○○만 돌파"를 경쟁적으로 앞당겨 보도하려다 실제 집계와 달라 정정한 사례도 있다.

명백한 허위 정보로는, 문화계 괴담 예를 들어 "모 아이돌 멤버가 흑마술에 심취했다"는 식의 터무니없는 루머 등이 있었다.

언론이 다루지 않더라도 온라인에 퍼지면 팬들과 대중이 혼란을 겪을 수 있어, 경우에 따라 팩트체크 기사화하기도 한다. 이는 사실 언론보다 소속사가 바로 잡는 경우가 많지만, 큰 이슈일 땐 언론이 사실 확인을 대변해 주는 것이 책임 있는 보도일 것이다.

5. 팩트체크 프레임 예시 및 관련 프롬프트 문장: 문화부 팩트체크는 독자의 흥미를 유지하면서 정확성을 기하는 것이 포인트다.

프레임 도입: "화제가 된 ○○설, 얼마나 사실일까?"와 같이 호기심을 자극하는 어조로 시작할 수 있다. 또는 "네티즌 사이에 퍼진 △△ 사진, 진위는?"처럼 짤막하게 궁금증을 던지는 제목/도입부도 효과적이다.

검증 과정 소개: "○○측에 직접 확인해 본 결과, 해당 내용은 사실이 아닌 것으로 밝혀졌습니다.", "역사 기록을 찾아보았습니다. 조선왕조

실록에는 …"처럼 직접 확인했다는 뉘앙스를 주는 문장을 쓴다. 또 "전문가들은 이 주장에 대해 '△△는 실제로 존재하지 않는 이야기'라고 말합니다"처럼 권위 있는 의견을 전달한다.

결론 및 맥락 부연: "즉, 인터넷에 떠돈 ○○설은 근거가 없는 소문입니다."라고 명확히 못 박는다. 문화 이슈의 경우 "작품은 픽션일 뿐, 역사적 사실과 다를 수 있다는 점도 고려해야 합니다."처럼 맥락을 이해시키는 마무리를 함께 하는 것도 좋다. 예를 들어 팩트체크로 드라마의 역사 오류를 지적하더라도, "다만 드라마는 창작물로서 역사적 사실과 차이가 있을 수 있다"는 식의 문장을 붙여 독자가 비판과 감상의 균형을 잡도록 유도한다.

6. 사용 가능한 주요 데이터 출처와 분석 도구: 문화 분야 사실 확인을 위해 언론 아카이브(과거 기사 DB)가 자주 활용된다. 연예인 과거 발언이나 행적을 확인하려면 KINDS, 구글 뉴스 검색 등을 이용한다. 또한 영상 자료 아카이브(예: KBS 아카이브나 인터넷 영상 클립)에서 과거 방송 내용을 확인하기도 한다.

음악 분야 표절 검증에는 뮤직비디오 및 음원 비교를 위해 전문 프로그램(DAW 소프트웨어 등)을 쓰거나, 코드 진행을 분석해 주는 온라인 툴을 활용한다.

미술품 진위 논란에는 미술관 소장 기록이나 도록 자료를 찾고, 필요하면 이미지 리버스 검색으로 유사 이미지를 찾아 비교한다. 문화재 진위는 관련 논문과 발굴조사 보고서를 활용하며, 인용이 정확한지 검증하려면 해당 문헌 원문(국립중앙도서관 자료 등)을 직접 살펴본다.

AI 도구로는 오래된 책의 OCR된 텍스트를 검색해 주는 Google Books 검색이나, 영상에서 인물/장소를 식별해 주는 컴퓨터비전 API도 고려할 수 있다.

7. 부서 특성에 맞춘 스타일 가이드: 문화부 팩트체크는 재미와 정확함을 함께 추구해야 한다.

가급적 독자가 흥미를 잃지 않도록 스토리텔링 기법을 일부 도입할 수 있다. 예를 들어, "○○설이 어떻게 퍼졌는지 추적해 보았습니다"라고 쓰고 연대기 형식으로 설명하는 것도 하나의 방법이다. 다만 과도한 드라마틱 연출은 피하고 사실 전달에 집중해야 한다.

연예인이나 예술가를 다루는 만큼 명예훼손에 유의해야 한다. 팩트체크라 해도 확인되지 않은 부분은 단정 짓지 않고, "~으로 보인다", "~라고 전해졌으나 확인되지 않았다" 정도로 언급에 그친다. 인용 어구는 정확히 하고, 출처 없는 발언은 쓰지 않는다.

팬덤이나 이해관계자들이 민감할 수 있으므로 객관적인 태도를 유지하며, 특별히 긍정적이거나 부정적 뉘앙스를 담지 않도록 어휘 선택에 신경을 쓴다.

또한 문화 기사는 문체의 유연함이 허용되지만, 팩트체크 부분만큼은 일기체나 추측형 어투 대신 보도체 문장으로 쓰는 것이 신뢰도를 준다. "~~인 것 같다"보다는 "~~인 것으로 확인됐다"처럼 분명하게 표현한다.

스포츠부 팩트체크 일반 매뉴얼

1. 자주 다루는 주제와 주요 쟁점 유형: 스포츠부는 각종 스포츠 경기 결과, 선수 기록, 이적 및 계약, 체육 정책 등을 취재한다.

팩트체크 주제로는 경기 기록의 정확성("한국 신기록이 세워졌다" 등의 주장 검증), 선수나 구단 관계자의 발언 진위("심판 판정이 규정에 어긋났다" 등 확인), 이적설 및 연봉 추정치의 사실 여부, 도핑 관련 의혹 등이 있다.

또한 월드컵이나 올림픽 같은 대회 시기에 쏟아지는 통계와 랭킹 정보("이번 승리가 56년 만의 쾌거" 등)의 정확한지 검증하는 일도 스포츠 팩트체크의 일환이다.

팬들 사이에서 도는 루머(예: "○○ 선수가 팀 동료와 불화했다더라")도 가십성 내용이지만 사실관계가 중요할 때가 있다.

2. 팩트체크 적용 절차 및 도구(AI 활용 포함): 스포츠 팩트체크는 공식 기록과 규정 확인이 핵심이며, 종목별로 전문지식이 필요하다.

1) 절차: ① 기록 확인 - 득점, 기록 관련 팩트는 공식 기록원 데이터(국제 경기의 경우 국제연맹 기록, 국내 리그는 연맹/협회 기록)를 조회한다. 예를 들어 "최연소 기록" 주장이라면 역대 기록을 모두 살펴 최연소 여부를 확인한다.

② 규정 검증 - 판정 시비나 규칙 관련 주장은 해당 스포츠의 공식 규정집을 찾아 조항을 확인한다. 필요하면 심판 경력자나 협회 기술위원 등의 설명을 받아 현장 적용이 어땠는지 파악한다.

③ 공식 발표 대조 - 이적설이나 부상 관련 정보는 구단의 공식 발표나 에이전트의 입장을 통해 사실 여부를 확인한다. 없을 경우 당사자 SNS나 인터뷰를 찾아본다.

④ 국제 대회 기록 비교 - 국제 스포츠 이벤트 관련 주장은 해외 통계를 확인해야 하므로, 외신 보도나 해당 국가 기록도 살펴본다.

⑤ AI 도구 활용 - 스포츠 데이터는 양이 방대하므로 데이터베이스 질의에 AI를 활용할 수 있다. 예를 들어 특정 선수의 모든 경기 기록을 DB에서 추출하고, AI로 요약하게 하여 특징을 파악한 후 수치를 확인한다. 영상 판독의 경우 AI 비디오 분석으로 논란 장면을 슬로모션으로 보거나, 공의 궤적을 시뮬레이션하는 등의 기술도 등장하고 있어 참고할 수 있다. 또한 번역 AI를 활용해 해외 매체에 나온 기록 관련 문장을 신속히 번역해 참조할 수 있다.

2) 도구: 스포츠 종목별 기록 DB(야구는 MLB나 KBO 기록실, 축구는

FIFA/UEFA 통계, Opta 등, 올림픽은 IOC 데이터베이스 등), 엘리트체육정보 시스템(국내 선수 기록 검색), 각 경기 연맹의 공식 규정 PDF, 스포츠 레퍼런스 사이트(Basketball Reference 등 통계 사이트), 구단 공식 홈페이지 및 SNS 등을 활용한다. 또한 특정 상황 재현을 위해 비디오 판독 장비가 있으면 좋겠지만, 일반적으로는 영상 플랫폼(유튜브 등)에 올라온 리플레이 영상을 분석한다.

3. 실제 팩트체크 사례: 스포츠 분야 팩트체크는 경기 직후 쏟아지는 정보 속에서 이루어지는 경우가 많다.

예를 들어, 월드컵 경기 후 "한국 축구가 16강에 두 번 연속 진출한 것은 처음"이라는 주장이 나왔을 때, 과거 월드컵 성적을 확인하여 이미 이전에도 연속 진출 사례가 있었음을 짚은 기사가 있었다.

야구에서는 "○○선수가 역대 최고 타율 신기록을 세웠다"는 보도가 나와 이를 검증한 결과, 공식 기록 기준으로는 과거에 더 높은 타율을 기록한 선수가 있어 신기록이 아니었다고 밝힌 사례가 있다. 이처럼 기록은 통계 기준이나 조건에 따라 달라질 수 있어, 팩트체크를 통해 정확한 정의를 알려 주는 역할을 한다.

올림픽 중계에서 해설자가 언급한 정보("이번 금메달은 우리나라 역대 몇 번째")가 착오였던 것을, 기자가 바로잡아 보도한 경우도 있었다. 스포츠 팩트체크는 팬들의 궁금증을 풀어주고, 잘못 알려진 기록을 정정하는 등 역사와 기록의 관리 측면에서도 중요하다.

4. 대표적 오보 사례 또는 명백한 허위 정보: 스포츠 기사 오보로 유명한 것은 이적시장 오보다. 축구나 야구에서 "○○ 선수 이적 확정"이라고 단독 보도했으나 나중에 결렬되거나 사실이 아닌 것으로 판명되는 경우들이 있다. 이는 빠른 보도를 위해 추측성 정보를 확정적으로 쓴 오보로, 팬들의 혼란을 야기한다.

명백한 허위정보는 스포츠계에선 비교적 드물지만, 과거에 "월드컵 승부조작설" 같은 음모론이 인터넷에 떠돈 적 있다.

또한, 선수에 대한 허위 루머(예: 경기 중 반칙을 고의로 했다는 음해)가 퍼지기도 하는데, 언론이 이를 잘못 받아쓰면 선수 명예를 훼손하는 결과를 낳는다. 어떤 선수에 대한 인격 비방 글을 사실처럼 보도했던 기사가 소송으로 이어져 정정 및 손해배상을 한 일이 있다.

5. 팩트체크 프레임 예시 및 관련 프롬프트 문장: 스포츠 팩트체크는 팬들의 열정과 감정이 개입되는 부분이라 흥미롭게 구성하되, 결과는 차분히 전달한다.

프레임 도입: "경기 후 이런 말이 나왔습니다. '○○는 규정상 반칙이다.' 정말 그럴까요?"처럼 경기 후 논란에 대한 질문형 접근을 한다. 또는 "사실인가요? ○○ 기록, 진짜 세계 최고?"처럼 기록에 대한 의문을 바로 제목으로 제시한다.

검증 내용 전개: "국제농구연맹(FIBA) 규정을 확인해 보니, ○○은 반칙으로 간주되지 않습니다.", "리그 공식 기록을 살펴본 결과, 이번

기록은 역대 3위에 해당합니다."와 같이 권위 있는 출처(규정집, 기록원)를 직접 인용하는 문장을 쓴다. 스포츠는 숫자와 규칙이 핵심이므로, 해당 숫자와 규정 조항을 구체적으로 제시한다. 예를 들어 "KBO 리그 규정 제○조에 따르면 ~~~" 혹은 "FIFA 자료에 의하면 한국은 이전에도 2010, 2014년 연속 16강을 달성했습니다."와 같이 써 준다.

6. 결론 및 추가 맥락: "결론적으로, ○○에 대한 주장은 사실이 아닙니다. 해당 행위는 규정 위반이 아니었습니다.", "따라서 '최초'라는 표현은 잘못되었고, 정확히는 역대 두 번째 기록입니다."처럼 명쾌하게 정정한다. 스포츠팬들이 궁금해할 추가 정보가 있다면, "참고로, 역대 1위 기록은 1984년 ○○선수가 세운 바 있습니다." 등 부가 정보를 덧붙여 이해를 높인다.

7. 사용 가능한 주요 데이터 출처와 분석 도구: 스포츠 분야는 공식 기록이 잘 정리되어 있어 이를 최대한 활용한다.

FIFA, IOC 등 국제 기구의 공식 결과 페이지, 종목별 국내 협회 (대한육상연맹 등)의 기록 검색 시스템, ESPN Stats 등의 해외 통계기관 자료 등이 쓰인다.

팀이나 선수의 소셜미디어 계정도 정보 출처다.

8. 부서 특성에 맞춘 스타일 가이드: 스포츠 기사는 생동감 있게 쓰

는 경향이 있지만, 팩트체크 부분만큼은 과장된 묘사를 지양하고 침착하게 써야 한다.

예를 들어 일반 경기 기사에서는 “천금 같은 골” 같은 표현을 쓰지만, 팩트체크에서는 “후반 45분에 결승골을 넣었다”처럼 있는 그대로 서술한다. 기록 언급 시에도 “엄청난 기록”보다는 구체적 순위나 수치를 제시한다.

또한 팬들에게 익숙한 별명 대신 공식 이름을 사용하여 객관성을 유지한다(예: “손세이셔널” 대신 손흥민 선수). 스포츠 특유의 은어(속어)는 사용하지 않으며, 규칙 설명 등은 최대한 쉽게 풀어쓴다.

판정에 대한 팩트체크의 경우, 심판 판정을 존중하는 어투를 쓴다. 잘못되었다 하더라도 “오심이었다” 단정하기보다 “규정상으로는 오심에 해당합니다만, 주심이 당시 상황을 다르게 해석한 것으로 보입니다”처럼 여지를 두며 설명한다.

스포츠부 기사에서는 승패에 대한 감정을 넣지 않고 사실만을 전달해야 함을 늘 유념해야 한다. 팩트체크 기사는 특히 승자나 패자에 대한 어떤 평가도 하지 않고 팩트 그 자체만 기술하는 원칙을 지켜야 한다.

국제뉴스부 팩트체크 일반 매뉴얼

1. 자주 다루는 주제와 주요 쟁점 유형: 국제뉴스부는 해외에서 발생

하는 정치, 경제, 사회, 문화 등 모든 분야의 뉴스를 다룬다.

팩트체크 주제로는 해외 언론이나 정부의 발표 내용에 대한 검증, 국제적 소문이나 음모론의 사실 여부, 외신 번역 과정에서의 오류 검토 등이 있다.

예를 들어 “미국에서 ○○법이 통과됐다”는 해외발 소식의 정확성, “유럽 모 국가에서 한류에 반발 시위” 같은 국내에 전해진 외국 뉴스의 진위, 전쟁 상황 보도에서 각측이 주장하는 내용의 검증, 또는 국제기구의 통계 발표 내용 확인 등이 있다.

또한 다른 나라에 대한 잘못된 정보(예: “북유럽 어떤 나라에서는 대학 등록금이 아예 없다더라” 등의 풍문)를 바로잡는 것도 국제부 팩트체크 주제다.

2. 팩트체크 적용 절차 및 도구(AI 활용 포함): 국제부 팩트체크는 언어 장벽과 문화적 맥락을 고려한 교차검증이 핵심이다.

1) 절차: ① 현지 1차 출처 확인 - 해외 뉴스의 사실 여부는 현지 유력 언론 보도를 찾아 확인한다. 같은 사안을 BBC, NYT, AFP 등 신뢰할 수 있는 외신이 어떻게 전하는지 비교한다. 원어로 접근하기 힘들다면 해당 국가 언론의 영문판이나 로이터 등 통신사 보도를 활용한다.

② 정부·기관 발표 검증 - 국제 사안은 해당국 정부나 국제기구의 공식 자료를 직접 보는 것이 정확하다. 예를 들어 유엔 보고서 인용 내용은 UN 홈페이지에서 원문을 찾아보고, 미국 법안 통과 여부는 미 의

회 입법 현황 DB나 정부 보도자료를 확인한다.

③ 다국적 교차검증 - 국가마다 관점이 달라 보도 내용이 다를 수 있으므로, 상반된 정보가 있을 땐 여러 국가의 보도를 모두 검토해 공통 교집합을 찾는다. 전쟁 상황 등은 각 진영 발표를 모두 싣고 팩트체크에서 무엇이 확인되었는지 가려 내는 식이다.

④ 전문가 또는 특파원 자문 - 해당 국가 사정에 밝은 특파원이나 전문가(지역연구자, 교민 등)의 맥락 설명을 구한다. 사실 여부뿐 아니라, 왜 이런 잘못된 정보가 퍼졌는지 배경까지 알아두면 기사에 깊이를 더할 수 있다.

⑤ AI 활용 - 번역 AI를 적극 활용할 수 있는 분야다. 다양한 언어의 기사를 빠르게 번역하여 대의 파악에 쓰고, 추가로 모르는 문맥은 ChatGPT 등에 “이 맥락에서 이 단어는 무슨 뜻?”처럼 질문해 볼 수 있다. 또한 사실검증용으로 구글 Fact Check Explorer나, 해외 팩트체크 사이트(폴리티팩트, 풀팩트 등)를 검색하는 일을 AI에게 시킬 수도 있다.

2) 도구: 구글 뉴스/빙 뉴스의 지역 설정 기능으로 현지 매체 검색, FactCheck.org/ Snopes/AP Fact Check 등 글로벌 팩트체크 사이트, 각국 정부 공식 웹사이트(백악관, 크렘린, 청와대 영문브리핑 등), UN/EU 등 국제기구 자료창고, 글로벌 통계 사이트(Our World in Data 등), 다언어 뉴스 번역플랫폼(예: 유로뉴스) 등이 활용된다.

언어 번역에는 Papago, DeepL, Google Translate 등의 기계번역을 병행 사용하며, 필요하면 해당 언어 전문가 동료에게 자문을 구한다.

3. 실제 팩트체크 사례: 국제뉴스부 팩트체크 사례로, 작년에 SNS에서 화제가 된 "프랑스에서 한국식 공부법 때문에 논란"이라는 풍문이 있었다. 이에 국제부 기자들이 프랑스 주요 언론을 확인한 결과 그런 보도가 전혀 없었고, 오히려 누군가 블로그에 쓴 개인글이 와전된 것으로 밝혀져 "해외 ◇◇설은 사실무근" 기사를 냈다.

코로나19 초기, 해외에서 "한국산 키트 불신" 같은 외신 보도가 있었다는 주장이 떠돌자, 해당 내용을 추적해 보니 일부 지역지의 과장된 표현이었음이 드러나 이를 바로잡은 팩트체크도 있었다.

전쟁 관련해서는, 러시아-우크라이나 전쟁 보도에서 양측이 서로 상대의 피해 규모를 크게 발표하는 경우, 국제부에서 위성사진, 국제기구 보고 등을 인용해 실제 피해 규모를 추정하고 과장된 수치를 바로잡는 분석 기사를 내기도 했다. 국제부 팩트체크는 이처럼 국내 독자가 해외 뉴스를 오해 없이 이해하도록 돕는 역할을 한다.

4. 대표적 오보 사례 또는 명백한 허위 정보: 국제뉴스 오보의 예로는 번역 실수로 인한 사례가 많다. 영어 'billion(10억)'을 'billion(1조)'로 잘못 번역해 수치를 10배 차이로 보도한 일, 인명이나 지명 스펠링을 혼동하여 전혀 다른 사람이 언급된 것으로 쓴 일 등이 있다.

또한 해외 매체의 풍자나 가짜뉴스 기사를 실제로 오인하여 보도한 사례도 있다. 가짜뉴스 사이트 발 기사를 검증 없이 받아썼다가 오보를 인정한 경우가 있었다.

명백한 허위정보로는 각종 음모론(예: "○○나라 정부가 사건을 조작했다"는 등 근거 없는 주장이 해외 커뮤니티발로 도는 것)이 있는데, 한국 언론이 이를 받아쓰면 큰 문제가 된다.

과거 "외국에서 한류에 대한 반감 폭동 발생"이라는 헛소문이 인터넷에 있었는데, 일부 매체가 사실 확인 없이 보도하려다 취소한 일이 있었다. 국제부는 국내용 화제성만 보고 해외 가짜뉴스를 옮기지 않도록 스스로 검증에 엄격해야 한다.

5. 팩트체크 프레임 예시 및 관련 프롬프트 문장: 국제뉴스 팩트체크는 '사실은 이렇습니다' 식으로 바로잡아 주는 톤이 좋다.

프레임 도입: "해외에서 전해진 ○○ 소식, 사실과 다릅니다."처럼 독자에게 먼저 결과를 알려 주는 방식도 고려할 수 있다. 또는 "외신 A가 보도한 △△, 사실일까?"처럼 국내서 인용된 외신 보도를 직접 검증하는 형태로 시작한다.

검증 세부: "현지 언론들을 확인한 결과, 해당 주장은 보도된 바 없습니다.", "미 국무부 공식 홈페이지를 통해 사실 여부를 살펴봤습니다. 그 결과…" 등 직접 확인했다는 문장을 넣는다. 번역 이슈의 경우 "원문 표현은 '○○'으로, 이는 △△로 해석하는 것이 정확합니다"처럼 번역

비교를 해 준다.

6. 결론: "따라서 ○○라고 알려진 것은 오해이며, 실제 사실은 △△입니다.", "요컨대, 해당 정보는 사실이 아닌 것으로 판명되었습니다."와 같이 결론부를 작성한다.

국제뉴스 팩트체크에서는 독자가 배경을 잘 모를 수 있으므로, "이러한 오해가 나온 건 ○○ 때문입니다"처럼 배경 설명을 덧붙여 마무리하면 이해에 도움이 된다.

7. 사용 가능한 주요 데이터 출처와 분석 도구: 국제 팩트체크에는 전 세계 언론 DB 접근이 유용하다.

구글 뉴스, 각국 포털을 활용한다. 각국 통계청 사이트나 국제비교 데이터(UNdata 등)가 활용된다.

전쟁이나 재난 정보는 위성사진 서비스(구글 어스, NASA FIRMS 화재 정보 등)를 사용해 현장 증거를 찾기도 한다.

SNS에서 퍼진 영상의 지리적 진위를 확인하려면 위성지도와 지형 분석을 통해 영상이 실제 그 지역인지 검증하는 OSINT 기법도 쓴다. 이때 구글 어스의 거리 측정이나 그림자 길이로 시간대 추정 등의 방법이 동원된다.

8. 부서 특성에 맞춘 스타일 가이드: 국제뉴스 팩트체크는 국명, 인

명, 지명 등의 표기를 정확히 하는 게 기본이다.

반드시 출처 표기를 명시적으로 한다. "로이터 통신에 따르면" "NYT는 ~라고 전했다"처럼 어디서 나온 주장인지를 밝혀 독자가 맥락을 알게 해야 한다.

문화적 차이에 따른 오해 소지가 없도록 부연 설명도 필요하다. 미국의 총기사건 수치 팩트체크 시 총기 소유율 등 배경을 한 문장 언급하거나, 유럽 정치 이슈 팩트체크 시 해당 국가의 정치체제 등을 간략히 언급해 독자의 이해를 돕는다.

국제뉴스 팩트체크는 사실 전달자 역할을 하며, 필요한 경우 해당 사실이 주는 함의는 독자 판단에 맡기는 것이 바람직하다.

전국부 팩트체크 일반 매뉴얼

1. 자주 다루는 주제와 주요 쟁점 유형: 전국부는 지역 뉴스를 다루며, 지역 주재 기자들이 지방 곳곳의 뉴스를 취재하거나 지역 네트워크를 통해 기사를 처리한다.

주요 주제로는 지방자치단체 정책 및 발표, 지역 사건·사고, 지역 개발 이슈, 지방선거나 지역 인물 동향 등이 있다.

팩트체크가 필요한 사안은 지역 사회에서 떠도는 소문이나 논란, 지자체 홍보자료의 과장 여부, 지역 통계 수치의 정확성 등이다.

예를 들어 "○○시, 전국에서 범죄율 가장 낮다"라는 지자체 발표의 사실 여부, "△△지역에 특정 질병 환자가 급증하고 있다"는 소문의 검증, "지방 고속도로 공사가 예정보다 늦어졌다는데 사실인가" 등의 주제가 있다.

또한 중앙정부 정책이 지역에 미치는 영향에 대해 지역별로 수치가 맞는지 검증하는 일도 있다.

2. 팩트체크 적용 절차 및 도구(AI 활용 포함): 전국부 팩트체크는 지역 현장 확인과 중앙 데이터 대조 모두 필요하다.

1) 절차: ① 지역 공공기관 자료 확인 - 검증할 사안과 관련된 지자체나 지역 공공기관(경찰, 교육청 등)의 공식 통계를 확보한다. 중앙부처 통계와 다를 수 있으므로 출처를 지역 기준으로 맞춘다.

② 지역 현장 취재 - 필요시 해당 지역 기자나 통신원을 통해 현장 상황을 확인한다. "민원 폭주" 주장이라면 실제 현장 분위기를 취재해 맥락을 파악한다.

③ 중앙 데이터 교차검증 - 지역 통계를 중앙의 자료(KOSIS 등)와 비교하거나, 타 지역과 상대 비교하여 과장 여부를 본다. "전국 최고/최저" 주장은 특히 여러 지역 데이터를 나란히 놓고 확인해야 한다.

④ 당사자 및 주민 인터뷰 - 지역 특정 이슈는 이해당사자(주민, 관계 공무원 등)의 증언으로 사실 여부를 가늠하기도 한다. 예를 들어

"악취 문제가 심각하다"는 주장 팩트체크 시 현장 주민 다수의 반응을 확인해 객관성을 얻는다.

⑤ AI 활용 - 지역 관련 데이터는 흩어져 있을 때가 많아, 웹 크롤러를 이용해 각 지자체 웹사이트에서 필요한 수치를 자동으로 긁어모으는 시도를 할 수 있다. 또한 지역 SNS상의 여론(예: 트위터 지역명 키워드 언급량)을 파악하기 위해 AI 분석을 사용할 수 있다. 언어모델에 "○○지역 이슈에 대한 지역신문 기사 요약해 줘"라고 요청해 지역지 보도를 파악하는 등 정보 수집 보조로 AI를 활용한다.

2) 도구: 통계청의 지역통계, 각 시·도의 공식 통계연보, 지역별 범죄/환경/복지 등 지표를 볼 수 있는 행안부 지역 정보 사이트 등이 주요 데이터원이다. 지역 커뮤니티(맘카페, 지역 밴드 등)의 여론을 살피기 위해 해당 커뮤니티 게시글을 검색하거나, 필요하면 가입해 보는 경우도 있다. 네이버 데이터랩의 지역별 검색어 통계도 간접 정보가 된다. 내부적으로는 전국에 흩어진 기자들에게 사내 메신저로 빠른 사실 확인을 요청하는 것도 하나의 방법이다(예: "○○지역 이런 얘기 들어 봤나요?"). 이처럼 협업과 네트워크도 전국부 팩트체크의 도구라 할 수 있다.

3. 실제 팩트체크 사례: 얼마 전 한 지자체에서 "우리 시가 살기 좋은 도시 전국 1위"라고 홍보했으나, 팩트체크 결과 해당 순위는 특정 민

간단체의 한정된 조사 결과일 뿐 객관적 지표와는 차이가 있음이 드러났다. 언론은 이를 지적하며 지자체의 자의적 통계 사용을 비판했다.

지역 개발사업과 관련해서는 "○○역 유치 확정"이라는 지역 정치인의 주장이 주민들 사이에 퍼졌을 때, 국토부 공식 발표를 통해 아직 미확정 상태임을 밝혀낸 기사가 팩트체크 사례로 볼 수 있다. 이러한 팩트체크는 지역 주민들이 정확한 정보를 알게 해 주어 불필요한 기대나 우려를 덜어 주는 효과가 있다.

4. 대표적 오보 사례 또는 명백한 허위 정보: 전국부는 지방 기사 전재 과정의 오류가 나올 때가 있다. 지역 기자가 올린 기사에 오류가 있어 중앙에서 받아썼다가 함께 잘못 나가는 경우다.

예를 들어 지명 혼동이나 수치 오류 등이 그런 사례다.

명백한 허위정보로는, 지역사회에서 카더라로 떠도는 이야기가 언론에까지 흘러 들어오는 경우다.

"○○시 인근 공단에서 유독가스 유출을 숨겼다"는 확인되지 않은 주장이 SNS를 통해 번졌는데, 다행히 언론에서는 팩트체크를 거쳐 사실이 아님을 밝히고 보도하지 않았던 일이 있었다.

그러나 과거 어떤 지역 언론은 소문에 근거해 범죄 용의자를 특정하는 위험천만한 오보를 냈다가 지역사회의 큰 반발을 산 적도 있다.

전국부에서는 특히 지역민들의 입소문만 믿고 쓰는 일을 경계해야 한다.

5. 팩트체크 프레임 예시 및 관련 프롬프트 문장: 전국부 팩트체크 기사는 지역 맥락을 충분히 고려해 작성해야 한다.

프레임 도입: "최근 ○○지역에서 이런 소문이 돌고 있습니다. '…' 이 소문의 진실은 무엇일까요?"처럼 지역민에게 직접 말 걸듯 시작할 수 있다. 또는 "○○시의 주장, 사실인지 확인해 봤습니다"처럼 지자체 발표를 검증하는 프레임도 자주 쓰인다.

검증 단계 서술: "우선, ○○시 제공 통계를 살펴봤습니다. 그러나 국가 통계와 비교해 보면…" 등으로 지역 vs 국가 데이터 비교를 보여 준다. "현장에 가 보니, 주민들은 이런 증언을 내놓았습니다: '…'"처럼 현장 취재 내용을 인용해 생생함을 주되, 그것이 팩트 판단에 어떻게 기여하는지 설명한다. 예를 들면 "10명 중 8명이 그런 냄새를 맡은 적 없다고 답해, 악취 소문은 과장이 있었던 것으로 보입니다."라는 식이다.

6. 결론 및 조정 문구: "결론적으로, ○○시에 퍼진 이 소문은 사실이 아닙니다.", "요약하면, 시의 주장에는 다소 과장된 측면이 있습니다."와 같이 결론을 분명히 한다. 지역민들이 민감하게 받아들일 이슈라면 "근거 없는 소문은 자제해야 한다"거나 "시의 발표는 더 신중해야 한다"는 제언 형태 문장을 마지막에 덧붙여 공동체적 책임을 강조하는 것도 좋다.

7. 사용 가능한 주요 데이터 출처와 분석 도구: 지역 팩트체크에는 공공 데이터포털에서 제공하는 시군구 단위 데이터, 행정안전부의 지역

별 인구/재정 자료, 경찰/소방의 시도별 통계연보 등이 기본 자료다.

또 시의회 회의록이나 도의회 감사 자료에 유용한 팩트가 숨겨져 있을 수 있으므로 찾아봐야 한다. 지역 대학이나 연구소에서 발간한 지역 조사 연구도 참고할 만하다.

분석 도구로는 엑셀 피벗으로 시도별 합계를 구해 랭킹을 매겨 보는 작업 등이 있다. OSINT 기법 중 지역신문 아카이브 검색은 필수인데, 키워드를 시기별로 검색해 소문이 언제부터 돌았는지 추적한다. 이를 위해 네이버 뉴스, 구글 검색 등을 사용한다.

AI 활용으로, 예를 들어 "최근 일주일간 ○○시에 대한 언급 많은 트윗 10개 보여 줘" 같은 요청을 해볼 수도 있다.

8. 부서 특성에 맞춘 스타일 가이드: 전국부 기사에서는 지역명과 수치, 고유명사를 정확히 표기하는 것이 우선이다.

행정구역 명칭은 공식 명칭(구 vs 군 등)을 지키고, 약칭은 최소화한다.

팩트체크 시 지자체의 입장이나 해명을 함께 싣는 경우가 많은데, 이때 공정하게 균형을 맞춰야 한다. 한쪽 주장만 길게 소개하고 반대 근거는 짧게 싣지 않도록 분량도 유념해야 한다. 지역 주민 인용 시에는 일반인 익명 인용을 할 수밖에 없는데, 이 경우 "○○시장 인근 상인 A씨"처럼 가능한 구체적으로 정체성을 밝혀 신뢰도를 높인다.

또한 지역 감정을 자극하는 표현을 피하고 중립적으로 기술한다. 예를 들어 "○○시는 엉터리 통계를 발표했다"보다는 "○○시 통계 발표에는 오류가 있었다" 정도로 정제한다.

지역 소식은 독자에게는 덜 친숙할 수 있으므로, 지도나 위치 설명(예: "인구 약 ○만의 공단 도시인 ○○시는…")을 곁들여 맥락을 준다.

중앙 중심적 시각을 경계하면서 지역의 입장도 존중하는 어조를 취해야 한다. 팩트체크라 해서 지역 주장을 과도히 폄하하기보다는, 사실 확인을 통해 진실을 밝힌다는 취지임을 분명히 해야 한다.

4

팩트체크 관련 AI 프롬프트 활용

AI 프롬프트의 기본 구성 원칙

AI 도구를 제대로 활용하려면 프롬프트, 즉 AI에게 주는 지시문의 작성 원칙을 이해해야 한다. 프롬프트에 따라 AI의 답변 품질이 크게 좌우되므로, 다음 기본 원칙을 명심해야 한다.

1) 명확하고 구체적으로 질문하기: 프롬프트는 완전한 문장으로 구체적인 지시를 담아야 한다. 모호한 질문보다는 필요한 정보와 방향을 분명히 제시해야 한다.

예를 들어 “경제 상황 설명해 줘”보다는 “최근 5년간 한국 GDP 성장률 추이를 요약하고 주요 원인을 설명해 줘”처럼 구체적으로 묻는 것이 좋다.

2) 맥락과 배경 제공하기: AI에게 사실 확인을 맡길 때는 관련 맥락

이나 자료를 함께 제공하면 정확도가 높아진다.

예를 들어 어떤 발언을 분석하게 하려면 발언자가 누구이며 언제 어떤 상황에서 한 말인지 알려 주는 것이 도움이 된다. 또한 숫자나 인용 같은 구체적 근거를 프롬프트에 포함하면 AI 답변이 더 근거에 기반하게 된다.

3) 복잡한 작업은 단계적으로: 한 번에 너무 포괄적인 요청보다는 작업을 쪼개어 단계별로 진행하는 것이 효과적이다.

예를 들어 "온라인 뉴스 사이트를 만들어 줘" 같은 포괄적 지시보다는, "1) 기사 주제에 맞는 관련 쟁점 3가지를 뽑아줘. 2) 각 쟁점별로 필요한 정보를 찾아 줘."처럼 순차적으로 요청하는 게 좋다.

또한 "한 단계씩 생각해 봐"와 같이 AI에게 사고 과정을 명시적으로 지시하면, 복잡한 분석 작업의 정확도가 향상된다.

4) 형식과 톤 지정하기: 필요하다면 출력 형식이나 톤을 요구해야 한다.

예를 들어 "한 문장으로 요약해 줘"나 "표 형식으로 결과를 보여줘" 또는 "공식적인 어조로 답변해 줘"처럼 제약이나 스타일을 지정할 수 있다. 다만, AI가 항상 지시를 100% 따르는 것은 아니므로 결과물을 확인하고 기자가 직접 다듬어야 한다.

5) 예시 제공(Few-shot 기법): 원하는 답변 형태가 있다면 예시를 프롬프트에 포함할 수도 있다.

예를 들어 한두 문장의 가짜 예시 답변을 보여 주고 이어서 실제 질문을 하면 AI가 그 형식에 맞춰 답변하도록 유도할 수 있다. 이는 특히 일정한 포맷이 필요한 작업(예: 사실 여부를 TRUE/FALSE로만 답하게 하기)에 유용하다.

6) 반복과 개선: 처음부터 완벽한 프롬프트를 작성하기 어렵다. 첫 답변이 만족스럽지 않다면 프롬프트를 수정하거나 추가 질문을 통해 개선하면 된다.

"~ 부분을 좀 더 자세히 설명해 줘"처럼 후속 지시를 내리면 AI는 대화를 기억하고 답변을 보완한다. 이러한 대화형 개선 과정을 거쳐 최종 원하는 정보를 얻을 수 있다.

7) 민감 정보 주의: 기사 작성을 돕기 위해 AI에 제보자 개인정보나 미공개 자료 등 민감한 정보를 입력해서는 안 된다. 외부 AI 플랫폼에 이런 정보를 보내면 유출 위험이 있다.

부득이한 경우 이름 등의 세부 사항을 〈이름〉, 〈날짜〉처럼 익명화하여 물어보고, 답변 후에 실제 정보로 바꾸는 방식으로 활용하는 게 좋다. 가능하다면 내부 전용 AI나 로컬 환경을 활용하여 기밀 정보가 외부로 가지 않도록 해야 한다.

AI 도구별 프롬프트 활용팁(ChatGPT, Perplexity, Gemini, Grok)

팩트체크 기사를 위한 프롬프트를 구현하는 AI 도구들의 특성과 활용 팁을 알아보자.

현재 기자들이 손쉽게 접근할 수 있는 생성형 AI 도구로는 ChatGPT, Perplexity AI, Google의 Gemini, xAI의 Grok 등이 있다. 각 도구마다 장단점과 특징이 조금씩 다르므로, 상황에 맞게 적절한 툴을 선택하면 업무 효율을 높일 수 있다.

1. ChatGPT 활용 팁

ChatGPT는 OpenAI가 개발한 대표적인 대화형 AI로서, 기사 작성 보조에 가장 널리 활용되고 있다. 최신 버전인 GPT-4는 복잡한 명령도 잘 이해하고 고급 분석이나 창의적 산출이 가능하여 팩트체크 작업에 유용하다.

ChatGPT를 사용할 때 주의할 점과 팁은 다음과 같다.

1) 역할 지시 및 맥락 부여: ChatGPT에 프롬프트를 줄 때 간단히 질문만 하는 것보다, AI에게 역할을 부여하거나 맥락을 설명하면 더 나은 결과를 얻을 수 있다.

예를 들어 "당신은 팩트체크 전문 기자입니다…"로 시작하여 원하는 스타일을 지정하면, 답변이 그에 맞춰 사실검증 어조를 띨 수 있다. 다만 너무 긴 지시문은 피하고 핵심만 전달하는 게 좋다.

2) 고급 기능 활용: ChatGPT Plus 사용자는 고급 데이터 분석(옛 코드 인터프리터)이나 이미지 인식 기능을 활용할 수 있다. 데이터 분석 기능을 켜면 엑셀 자료를 업로드해 통계를 처리하거나, 대량의 텍스트에서 특정 패턴을 찾는 등의 작업이 가능하다.

예를 들어 방대한 CSV 파일을 주고 "년도별 평균을 계산해 줘" 하면 직접 계산해 준다. 이는 통계 검증에 유용하다. 이미지 인식도 가능하므로, 의심스러운 이미지를 넣어 설명을 얻는 식으로 활용할 수 있다.

3) 환각 정보 확인: ChatGPT는 그럴듯하게 지어낸 정보(일명 환각)를 답변에 포함할 때가 있으므로 주의가 필요하다.

존재하지 않는 통계를 말하거나 가짜 출처를 제시할 수 있다. 따라서 ChatGPT가 사실 정보를 전달할 땐 항상 검증을 거쳐야 한다. 특히 숫자나 인명처럼 정확해야 하는 부분은 교차확인을 해야 한다.

"출처를 알려 줘"라고 요구해도 ChatGPT 기본 모델은 실제 웹 출처를 제시하지 못하므로, 이러한 경우 Perplexity 같은 도구와 병행하는 것이 좋다.

4) 언어와 번역: ChatGPT는 한국어와 영어 모두 능숙하지만, 복잡한 정보는 영어 답변이 더 상세할 때도 있다.

필요한 경우 영어로 질문하고 결과를 다시 한국어로 번역시키는 방법도 쓸 수 있다. 번역 품질은 매우 뛰어나서, 중요한 해외 자료를 번역하거나 국내 기사를 영어로 요약할 때도 활용 가능하다. 다만 고유명사나 전문용어는 맥락에 따라 검수해야 한다.

5) 프롬프트 히스토리 활용: 같은 대화 세션 내에서 앞서 물었던 내용을 ChatGPT가 기억하고 있으므로, 이를 적절히 활용하면 맥락 있는 질의응답을 이어 갈 수 있다.

예를 들어 먼저 "A법의 내용은?" 물은 다음, 이어서 "그 법과 관련한 2022년 개정안 내용도 알려 줘"라고 하면 앞서 대화 맥락을 참고해 답한다. 단, 긴 대화에서는 AI가 이전 내용 일부를 망각할 수 있으니, 필요한 핵심은 다시 언급하는 것이 안전하다.

ChatGPT는 전반적으로 다재다능한 도우미지만, 업데이트 시점 이후 지식은 제한될 수 있고 실시간 정보 접근이 안 되는 점에 유의해야 한다. 그러므로 최신 정보나 출처 확인에는 다음에 설명할 Perplexity 등의 도구를 병행하는 것이 좋다.

ChatGPT의 강점은 언어 이해와 생성 능력이므로, 초안을 작성하거나 복잡한 텍스트를 정리하는 데 최적의 툴로 활용하길 권장한다.

2. Perplexity AI 활용 팁

Perplexity AI는 검색 엔진과 AI 챗봇을 결합한 서비스로, 질문에 대한 대답과 함께 출처를 제시해 주는 것이 특징이다.

팩트체크 기자에게는 신속한 레퍼런스 확인 용도로 유용한 도구다.

Perplexity를 효과적으로 사용하는 요령은 다음과 같다.

1) 구체적인 검색 질의: Perplexity에 질문할 때는 평소 구글 검색하듯 키워드를 나열하기보다 질문형으로 구체적으로 묻는 것이 좋다.

예를 들어 "최신 한국 물가상승률"보다는 "2023년 한국 물가상승률은 몇 %인가요?"처럼 물으면 더 정확한 정보를 제공한다. 또한 한 번에 복잡한 것을 묻기보다는 차례로 묻고 후속 질문을 하는 것이 좋다.

Perplexity는 대화 문맥을 유지하므로, 첫 질문에 대한 답을 얻은 뒤 "그 수치의 출처는 어디인가요?" 등 추가 질문이 가능하다.

2) 출처 확인과 신뢰도: Perplexity의 답변에는 숫자로 표시된 각주 링크가 달린다. 이 링크를 클릭하면 해당 출처 웹페이지를 바로 볼 수 있어, AI 답변의 근거를 검증할 수 있다.

팩트체크에서는 반드시 이 과정을 거쳐야 한다. Perplexity가 제시한 출처가 공식 통계나 신뢰 언론이면 정보 신빙성이 높겠지만, 가끔 블로그 등 신뢰도 낮은 페이지도 인용될 수 있다. 그러므로 출처의 성격(정부/학술/언론/기타)을 확인하고 인용 결정하는 건 기자의 몫이다.

3) Pro 기능(고급 검색): Perplexity Pro 사용자라면 Pro Search 모드를 쓸 수 있는데, 이는 질문을 여러 하위 질문으로 분해해서 더 심층적으로 찾아 준다.

예를 들어 "코로나 백신 효과와 부작용"을 한 번에 묻는 대신 Pro Search는 효과와 부작용을 각각 찾아 통합 답변한다.

또한 Focus 기능으로 검색 범위를 좁힐 수 있는데, "Academic"을 선택하면 학술 논문 위주로 찾아 주고 "News"를 선택하면 언론 기사 위주로 결과를 보여 준다.

팩트체크 주제에 맞춰 이 기능을 쓰면 시간 절약이 된다. (예: 백신 효능은 Academic, 정치인은 News에 중점 등)

4) 실시간 정보와 요약: Perplexity는 실시간 웹 검색이 가능해 최신 정보 추적에 강점이 있다. 방금 몇 시간 전에 나온 뉴스라도 답변에 반영

될 수 있다.

이를 활용해 브레이킹 뉴스에 대한 팩트체크도 빠르게 자료를 찾을 수 있다. 그리고 긴 문서(예: 정부 보고서 PDF)를 요약해 주는 기능도 있는데, 파일을 업로드하면 AI가 주요 내용을 뽑아 준다.

방대한 자료에서 필요한 부분만 추출할 때 유용하다. 100쪽짜리 예산안에서 "교육 예산 증감 부분만 찾아 줘"라고 하면 관련 부분만 요약해 줄 수 있다.

5) 한계: Perplexity의 답변은 간결하게 요약되지만, 가끔 맥락을 생략하여 중요한 단서가 빠질 수 있다. 따라서 원문 출처를 읽어 보는 습관이 필요하다.

또한 한국어 질의도 지원되지만, 영어로 질문할 때 더 풍부한 답변이 나오는 경향이 있다. 한국 관련 내용도 영문 위키피디아나 영문 기사에서 찾는 식이기 때문이다. 필요한 경우 영어로 질문하고, 답변을 한글로 요청하는 등 혼용해서 써 보는 것도 추천한다.

요약하면 Perplexity는 "찾아 주는 역할"에 충실한 도구다. ChatGPT에 비해 창의적인 글 생성보다는, 이미 존재하는 정보의 색인과 요약에 특화되어 있다.

따라서 팩트체크 초기에 자료를 찾거나, ChatGPT 답변의 사실 여부를 검증하고 싶을 때 Perplexity를 함께 사용하면 큰 도움이 된다.

예를 들어 ChatGPT가 알려 준 어떤 통계가 믿기지 않을 때, Perplexity에

"○○ 통계 실제값"을 물어 사실 여부를 교차 검증하는 식이다. 두 도구를 병행하면 신속성과 정확성을 모두 잡을 수 있다.

3. Gemini 활용 팁

Gemini는 Google이 선보인 차세대 AI 모델로, 2024년 말에 발표된 이후 다양한 서비스에 도입되고 있는 첨단 도구다. 아직 대중적으로 ChatGPT만큼 널리 쓰이진 않았지만, 곧 Google 검색이나 Workspace 등에 통합되어 사용할 기회가 많아질 것으로 보인다.

Gemini의 강점과 활용법은 다음과 같다.

1) 멀티모달 처리: Gemini는 텍스트뿐 아니라 이미지, 오디오 등 멀티모달 입력을 동시에 이해하도록 훈련된 모델이다.

이는 기자에게 매우 유용한데, 예컨대 사진 한 장과 관련 질문을 함께 입력하면 이미지를 분석한 답변을 얻을 수 있다. 동영상의 한 부분을 이미지로 캡처해 넣고 "이 장면이 어디인지 알려 줘"라고 하면 배경 분석을 통해 장소를 추론해 줄 가능성이 있다.

또한 음성 파일을 넣으면 내용을 텍스트로 변환하고 요약해 줄 수도 있다. 이런 능력은 팩트체크에서 이미지/영상 검증이나 음성 발언 대조에 활용할 수 있다.

2) 고도화된 추론 능력: Google에 따르면 Gemini는 복잡한 수학, 물리 등 고차원적인 추론에도 능하며, 코딩 등 논리 작업도 뛰어나다.

따라서 데이터 해석이나 알고리즘 이해가 필요한 팩트체크(예: 선거 여론조사 결과의 통계적 의미 검증이나, 정부 발표 모델의 신뢰도 평가 등)에서 도움을 받을 수 있다.

GPT-4의 논리 능력도 훌륭하지만, Gemini는 Google의 방대한 지식그래프와 연계돼 보다 사실 중심적인 추론을 기대할 만하다. 다만 초기 단계이므로 실제 성능은 케이스별로 확인이 필요하다.

3) Google 생태계와의 연동: Gemini는 Google의 검색, 지도, 번역 등과 연동될 것으로 전망된다. 일부는 이미 Google Bard AI 챗봇에 통합되었고, 검색 실험버전(SGE)에 반영되기도 했다.

기자 입장에서는 Gemini 기반 서비스에서 곧바로 Google 검색 결과를 인용하거나, 지리 정보를 묻고 지도를 띄우는 등의 기능을 활용할 수 있게 될 것이다.

예를 들어 "1990년 이후 한국 인구 그래프 보여 줘"라고 하면 데이터를 찾아 차트까지 그려 줄 수도 있다.

또한 Gmail이나 Docs에서 Gemini가 글쓰기 보조를 해 줄 수도 있어, 팩트체크 초안을 Gmail Draft로 받아 보는 식의 워크플로도 가능해질 것이다.

4) 활용 시 유의점: Gemini는 최신 모델인 만큼 아직 한국어 세세한

부분에서 ChatGPT만큼 최적화되지 않았을 수 있다.

처음 사용할 때는 간단한 질문으로 성능을 가늠해 보고 점차 활용 범위를 넓히는 것이 좋다. 그리고 멀티모달 입력을 넣을 때 개인정보 등 민감 정보는 물론, 저작권 있는 자료 사용에 주의해야 한다. Google의 정책상 민감 이미지 업로드 시 제한이 있을 수도 있다.

Gemini 역시 AI이므로 사실 검증 없이 답을 확신하지 말아야 함은 기본이다. 구글이 정확성을 높였다고는 하지만, 그래도 중요한 팩트는 추가 검증해야 한다.

정리하면, Gemini는 "올인원 AI 비서"로서 팩트체크에 기여할 것이다. 특히 이미지와 텍스트를 함께 다뤄야 하는 복잡한 검증이나, 심층 데이터 분석 측면에서 강점을 발휘할 것으로 기대된다.

초보 기자라면 Gemini가 본격 도입되기 전 미리 Bard 등을 통해 연습해 두면 좋다. 예컨대 Bard에 "(사진 첨부) 이 사진의 장소를 추정해 줘" 같은 실험을 해 보고 결과를 체감해 볼 수 있다. Gemini가 본격 상용화되면, 구글 검색하듯 편하게 AI에게 물어보고 검증 자료를 얻는 시대가 올 것이다.

4. Grok 활용 팁

Grok은 2023년 말 Elon Musk의 xAI에서 공개한 AI 챗봇으로, 실시간 웹과 소셜미디어(X 플랫폼) 데이터에 접근할 수 있는 것이 특징이다.

Musk가 "Truth-seeking AI"를 표방한 만큼, 사실 관계에 강한 답변과 함께 위트 있는 어투를 겸비한 것으로 알려져 있다.

팩트체크 기자가 Grok을 활용할 때의 팁을 살펴보자.

1) X(옛 트위터) 기반 정보 수집: Grok은 X 플랫폼과 연동되어, 최신 트렌드나 특정 계정의 트윗 내용을 실시간으로 분석할 수 있다.

예를 들어 팩트체크하려는 루머가 X상에서 돌고 있다면, Grok에게 "지금 X에서 ~라는 내용이 퍼지고 있는데, 사람들이 뭐라고 말하나요?"라고 물어보면 관련 트윗들을 요약해 줄 수 있다. 이때 일반적인 AI보다 훨씬 최신의 데이터를 참조할 가능성이 높다.

또한 특정 인플루언서의 주장을 팩트체크할 때 그 사람의 과거 트윗을 찾아 비교하는 작업도 Grok으로 일부 자동화할 수 있다 (예: "@someone 계정이 과거에 ~라고 말한 트윗이 있나요?").

2) 실시간 웹 검색과 통합: Grok은 웹 검색도 실시간으로 수행하여 답변에 반영한다. 이는 Bing Chat과 유사한 접근인데, Grok의 경우 제한 없이 보다 자유롭게 검색 정보를 가져와 설명하는 경향이 있다. 따라서 구글링으로 찾기 애매한 정보도 Grok에게 서술형으로 물으면 의외로 답이 나올 때가 있다.

예를 들어 "오늘 오후에 있었던 국회 본회의 주요 결정은?" 같은 최신 시사 질문도 답할 수 있다. 팩트체크 기사 작성을 위한 정보 수집 단계에서, 특히 속보성 이슈의 경우 Grok이 ChatGPT보다 유리할 수 있다.

3) 유머와 뉘앙스 조절: Grok의 한 가지 특징은 Musk의 지향에 따라 "재미있는(spicy)" 답변도 서슴지 않는다는 점이다. 이는 일반 정보 검색엔 큰 문제 없지만, 기사에 바로 활용하기에는 부적절한 표현이 섞일 수 있음을 의미한다.

그러므로 Grok의 답변을 얻을 때는 그 어조를 통제하는 프롬프트를 주는 것이 좋다. 예를 들어 "농담이나 의견은 빼고 사실만 말해 줘"라고 부탁한다든지, 아니면 일단 Grok의 답을 받고 기자가 필요한 부분만 발췌하는 식으로 활용하면 된다.

Grok 특유의 가벼운 농담은 팩트체크 기사 본문에는 넣기 어렵겠지만, 제목 아이디어를 얻거나 참신한 비유를 찾는 용도로는 의외로 도움이 될 때도 있다.

4) 접근성과 한계: 현재 Grok은 X 프리미엄 사용자 등 제한된 대상에 우선 공개된 상태다. 웹 버전이나 앱으로도 사용할 수 있는데, 국내에서는 영어로 질문해야 원활할 수 있다.

다른 AI와 마찬가지로 틀린 답을 할 가능성도 있다. 실시간으로 검색한다고 해서 항상 정확한 건 아니므로, Grok이 제시한 웹자료도 반드시 직접 확인해야 한다.

특히 Grok은 "~일 수도 있다" 등의 추측성 답변도 줄 수 있으므로, 애매한 정보는 섣불리 기사화하지 말고 추가 검증을 하는 게 좋다.

예를 들어 어느 날 X상에서 "어느 배우가 사망했다"는 루머가 퍼졌다고 가정해 보자. 확인되지 않은 정보이기에 팩트체크가 필요한데, ChatGPT는 실시간성이 없어 도움 되지 않는다.

이때 Grok에 물어보면, 해당 루머의 출처가 되는 X글과 현재까지 확인된 언론 보도 등을 종합해 "현재 해당 배우 사망설은 신뢰할 만한 근거가 없으며, 공식 확인도 나오지 않은 상태"라는 식으로 알려 줄 가능성이 높다. 이런 최신 상황 파악에 Grok이 유용하다.

이처럼 팩트체크 기사를 쓰는 업무에서는 한 가지 AI 도구만 고집하기보다는 상호 보완적으로 활용하는 것이 좋다.

Perplexity로 찾고 ChatGPT로 글쓰기, Grok으로 최신 확인, Gemini(Bard)로 이미지 검증 이런 식으로 장점을 취사선택하는 것도 방법이다. 각 도구를 두루 익혀 두면 상황에 따라 가장 효율적인 AI 편집국까지 운영할 수 있다.

프롬프트 기법과 AI 도구 활용법의 기사 적용 실습 예시

프롬프트 기법과 AI 도구 활용법을 실제 팩트체크 기사 작성에 적용하는 실습 사례를 분야별로 알아보자.

정치, 경제, 사회, 문화, 과학/IT 등 5가지 분야에서 대표적인 팩트체크 상황을 가정하고, AI를 활용해 취재하고 기사 작성하는 과정을 단계별로 시연해 보겠다.

각 사례마다 문제의 제기→ AI 활용 검증→ 팩트체크 결과 서술까지 흐름을 정리하였으니, 팩트체크 기사를 작성하는 데 있어 구체적인 활용 과정을 이해하는 데 도움이 될 것이다.

1. 사례: 정치 분야 - 선거 공약 통계 검증

1) 상황: 한 지방선거 후보가 선거 유세에서 이렇게 말했다. "제가 시

장이 된 지난 4년 동안 우리 시의 일자리 2만 개를 창출했고, 범죄율은 30% 감소했다." 현직 시장인 해당 후보가 자신의 치적을 강조한 발언인데, 사실 여부를 따져볼 필요가 있다. 이는 주장 분해, 통계 검증, 정책 효과 분석이 모두 필요한 케이스다.

2) 주장 분해: ChatGPT에 우선 이 발언을 넣고 쟁점을 도출한다.

프롬프트: "이 발언에 담긴 각각의 주장(일자리 증가, 범죄율 감소)이 사실인지 확인하려면 어떤 자료나 지표를 봐야 하는지 알려 줘."

AI는 "(a) 지난 4년간 해당 시의 고용 또는 일자리 통계, (b) 같은 기간 범죄 발생 통계, (c) 해당 변화가 전국적 추세인지 여부, (d) 이 변화가 시장 개인 공약(정책)과 관련 있는지" 등의 검증 포인트를 제안한다. 이를 통해 기자는 일자리 2만 개 증가와 범죄율 30% 감소 두 가지를 별도로 조사하기로 한다.

3) 자료 수집(일자리 부분): Perplexity를 활용해 해당 시의 공식 통계를 찾는다.

질문: "서울시가 아닌 ○○시의 최근 4년 고용 증가 통계(연도별 일자리 숫자)".

Perplexity는 결과와 함께 시청 발표 자료 링크를 제시했다. 확인해 보니 최근 4년간 일자리 증가가 1만 5천 개에 그쳤다는 데이터가 있다. 이는 후보 주장인 2만 개에 못 미친다.

추가로 AI에게 "2만 개라는 숫자가 혹시 누적 고용정책 참여자 수 등 다른 기준인지" 물었지만, 근거를 찾지 못했다. 따라서 첫 번째 주장에 오차 존재를 파악했다.

4) 자료 수집(범죄율 부분): Perplexity에 "○○시 범죄율 최근 4년간 30% 감소 통계"를 질의한다. 범죄 관련 통계는 경찰청 자료로 나와, 해당 시의 연도별 범죄 건수를 확인했다. 4년 전 대비 30% 감소한 것은 맞지만, 코로나19 영향으로 전국적으로 범죄 감소 경향이 있던 시기였다.

ChatGPT에 이 점을 물어보니 "전국 범죄 발생도 같은 기간 약 25% 감소했으므로, ○○시의 감소는 전국 추세와 크게 다르지 않다"고 분석해 줬다. 또한 ChatGPT는 "감소폭 30%라는 수치가 맞더라도, 이를 시장 개인 공약의 효과로 보기엔 다른 요인을 고려해야 한다"는 점도 지적했다.

5) 정책 효과 분석: 후보가 내세운 치적으로서의 타당성을 검증하기 위해 ChatGPT에 추가 질문을 한다.

프롬프트: "해당 시장 임기 동안 일자리 창출과 범죄 감소가 어떤 정책으로 인한 것인지 분석해 줘. 다른 외부 요인은 없었는지도 언급해 줘."

AI는 "일자리 증가는 전국 경기나 민간 투자에 의한 부분이 크며, 시장의 직접 일자리 사업으로 창출된 숫자는 발표보다 적을 수 있다"는 점과 "범죄 감소는 같은 기간 전국적 현상(코로나로 인한 활동 감소 등)이라서 시장의 치안 정책만의 효과로 단정하기 어렵다"는 답변을 주었다. 이는 기자가 기사에서 주장의 맥락을 설명하는 데 활용할 중요한 포인트다.

6) 팩트체크 결과 작성: AI 활용을 통해 얻은 팩트들을 바탕으로, 기사 주요 내용을 구성한다.

우선 일자리 2만 개 주장에 대해 "공식 통계상 1만5천 개 증가에 그쳐 다소 부풀려졌다"는 결론을 쓴다. 이어 범죄율 30% 감소 주장에 대해서는 "수치는 사실이나, 이는 코로나 시기 전국적 범죄 감소 영향으로 보이며, 시장의 정책 효과로 보기엔 무리가 있다"는 취지로 평가한다.

기사 제목은 ChatGPT에 의뢰하여 "'일자리 2만 개' 자신한 ○○시장, 실제론 1만5천… 범죄 감소는 코로나 영향" 등으로 뽑았다.

전체적으로 이 사례에서는 주장 분해 프롬프트, 통계 비교 분석, 정책 맥락 설명에 AI를 활용하여 짧은 시간에 핵심을 파악하고 검증할 수 있었다.

초보 기자도 AI의 도움을 받아 숫자의 함정을 짚어 내고, 정치인의 과장된 공약 이력을 정확히 독자에게 전달할 수 있었다.

2. 사례 : 경제 분야 - 경제지표 국제 비교 팩트체크

1) 상황: 한 경제 관련 유튜브 채널에서 진행자가 주장한다. "현재 우리나라의 물가상승률은 미국, 일본보다 훨씬 높아서 경제가 위험한 수

준입니다." 많은 시청자들이 이 발언을 듣고 우려하고 있어, 사실 여부를 검증하는 기사를 쓰려고 한다. 이는 통계 해석과 국제 비교가 핵심인 팩트체크다.

2) 발언의 쟁점 확인: 우선 ChatGPT에 해당 주장을 전달해 어떤 요소를 확인해야 할지 묻는다.

프롬프트: "어떤 사람이 '한국의 물가상승률이 미국, 일본보다 훨씬 높다'고 주장했습니다. 이 주장 검증을 위해 어떤 데이터와 맥락을 확인해야 하나요?"

AI는 "(a) 현재 한국, 미국, 일본의 물가상승률(인플레이션율) 수치 비교, (b) 각각의 경제 규모나 상황 차이(선진국 vs 신흥국 일반 비교 등), (c) '위험한 수준'의 근거(국제기준에서 높다는 의미인지) 등"을 확인해야 한다고 답변했다. 이로써 필요 데이터가 세 나라의 최신 물가상승률임을 명확히 했다.

3) 최신 물가상승률 확보: Perplexity를 사용하여 한국, 미국, 일본의 최근 연간 물가상승률(혹은 월별 CPI 상승률)을 찾는다.

질문: "최근 한국 미국 일본의 소비자물가 상승률 각각 얼마인가요?" Perplexity는 예를 들어 "2023년 현재 한국 5.1%, 미국 4.0%, 일본 3.3%"라는 정보를 정부·언론 출처로 제시했다.

실제 수치가 이와 비슷하다고 가정하면, 한국이 미국·일본보다 높은 건 맞지만 '훨씬' 높다고 할 정도인지 판단이 필요하다.

ChatGPT에 이 세 수치를 주고 "한국 물가상승률이 얼마나 높은 편인지 해석해 줘"라고 하니, AI는 "한국이 미국보다 1.1%p 높고 일본보다 1.8%p 높아서 상대적으로 높다. 다만 터키 등 다른 나라에 비하면 높은 편은 아니다"는 균형 잡힌 해석을 했다.

또한 AI는 "'위험한 수준'이라는 표현은 주관적이며, 한국의 경우 아직 경제위기라 부를 정도는 아니다"라고 의견을 덧붙였다. 기자는 이 부분을 참고하되, 기사에는 주관적 표현 대신 수치로 판단하기로 한다.

4) 국제 비교 맥락: 혹시 과장된 느낌의 '훨씬 높다'라는 주장의 출처나 맥락을 파악하기 위해, 해당 유튜브 채널의 다른 발언도 살펴본다.

ChatGPT에게 "이 진행자가 말한 '위험한 수준'이 어떤 근거에서 나온 표현인지 추측해 줘"라고 물었다.

AI는 "아마도 한국의 최근 인플레이션이 과거 10년 내 이례적으로 높다 보니 그렇게 표현한 듯하지만, 국제 비교로는 G7 평균 수준"이라는 분석을 내놓았다.

신빙성을 높이기 위해 기자는 IMF나 OECD 자료를 직접 확인한다. Perplexity에 "G7 평균 인플레이션"을 물어보니 "2023년 G7 평균 인플레이션 약 5%"라는 정보를 얻었다. 그러면 한국(5.1%)은 G7 평균과 비슷하고, 미국(4.0%)·일본(3.3%)은 그 평균보다 낮은 편이다.

이로써 진행자의 주장은 사실 일부를 강조한 선정적 표현임을 파악했다. 즉 사실과 다르지는 않지만 맥락이 부족했다.

5) 추가 검증(전문가 의견): 경제 분야라 전문가 코멘트가 기사에 들어가면 좋다.

AI에게 가상의 경제학자 입장에서 논평을 생성하도록 해 본다.

프롬프트: "경제 전문가인 것처럼, 위 수치를 보고 한국 물가상승률에 대한 평가를 2-3문장으로 말해 줘."

ChatGPT는 "한국의 물가상승률이 미국·일본보다 높지만, 이는 두 나라의 저인플레이션 기조와 비교한 상대적 수치다. 한국은 에너지 가격과 환율 영향으로 일시적 상승을 겪었으며, 위험 수준이라기보다는 완화 추세에 들어설 것으로 전망된다"는 식의 그럴듯한 문장을 제시했다.

실제 기사에서는 AI 생성 멘트를 그대로 쓰진 않지만, 이 내용을 토대로 경제 전문가에게 실제 코멘트를 요청하거나, 유사한 논지를 기사 문장으로 풀어쓸 수 있다.

6) 팩트체크 결과 작성: 이 사례의 팩트체크 기사에서는 해당 유튜브 주장의 사실관계와 과장 여부를 다룬다.

우선 "한국의 최근 물가상승률(5.1%)이 미국(4.0%), 일본(3.3%)보다 높은 것은 사실"이라고 적시한다. 이어 "다만 이를 '훨씬 높고 위험한 수준'으로 표현하는 것은 맥락상 과장된 면이 있다"고 설명한다.

근거로 "선진 7개국 평균 인플레이션이 5% 내외인 점을 감안하면,

한국은 평균 수준이며 미국·일본이 이례적으로 낮은 것"이라는 비교를 제시한다. 또한 "전문가들은 한국의 물가상승률이 정점에 다다라 안정화 추세에 들어설 것으로 보고 있다"는 코멘트를 덧붙여 과도한 불안감을 불식시킨다.

제목은 ChatGPT의 도움을 받아 "한국 물가상승률, 미·일보다 높다… '위험한 수준' 표현은 과장" 정도로 정했다. 이처럼 AI를 통해 신속히 데이터와 비교 맥락을 확보하여, 경제 분야에서 흔히 벌어지는 지표 남용 사례를 바로잡는 기사를 완성했다.

3. 사례: 사회 분야 - SNS 유언비어 검증

1) 상황: 카카오톡 등 SNS에서 한 괴담이 빠르게 퍼진다.

메시지 내용: "요즘 OO마트 주차장에서 어떤 사람이 향수 시향지를 건네주는데, 거기에 마약을 묻혀 사람을 기절시킨 후 납치한다고 합니다. 아이들 있는 분들 조심하세요! 실제 사례 있으니 공유 부탁." 많은 부모들이 이 글을 받고 불안해하고 있다. 이는 전형적인 사회의 유언비어로, 팩트체크로 사실이 아님을 밝혀 줄 필요가 있다.

2) 유사 사례 조사: 우선 이와 비슷한 소문이 과거에도 있었는지 AI에게 물어본다.

ChatGPT에 "향수 시향지로 사람을 납치한다는 소문이 예전에도 있었는지 알려 줘"라고 하니, AI는 "이것은 해외에서 오래전부터 떠돌던 도시 전설로, 1999년 미국에서 시작된 '향수 강도' 괴담이 유명하다"고 알려 준다. 실제로 AI가 언급한 1999년 미국 사례는 앞서 참고자료에서 본 UCSD 경찰국 PDF 내용과 일치했다.

ChatGPT는 계속해서 "한국에서도 몇 년 전 온라인에 비슷한 글이 돌았지만 경찰이 사실무근이라 밝힌 바 있다"는 정보도 주었다. 이는 기자가 찾으려던 핵심과 일치한다.

3) 국내 공식 입장 확인: Perplexity를 사용해 해당 소문에 대한 경찰이나 언론의 사실확인 보도를 찾아본다.

그랬더니 "향수 시향지 납치 카톡 괴담 사실무근"이라는 뉴스 기사 하나가 뜬다. 지역 경찰서에서 "그런 신고나 범죄사례는 접수된 바 없다"고 밝힌 내용이다. 이는 팩트체크 기사에 인용하면 좋다.

또한 혹시라도 비슷한 사건이 해외에서 실제로 있었는지 확인하려, Perplexity에 영문으로 "perfume paper kidnapping hoax Snopes"를 검색한다. Snopes의 해당 주제 팩트체크가 결과로 나왔고, "This is an urban legend, no verified incidents"라는 문구를 확인했다. 기자는 이를 통해 국내외 모두 근거 없는 낭설임을 재차 확인한다.

4) SNS 확산 양상 분석: SNS에서 얼마나 이 소문이 퍼졌는지 Grok 또는 ChatGPT를 활용해 본다.

ChatGPT에는 소셜 데이터 접근이 없으니, 여기서는 예를 들어 Grok에 "X에서 '향수 납치' 관련 트윗 내용 요약해 줘"라고 요청할 수 있다.

Grok이 실시간 X 데이터를 분석해 "지난 24시간 동안 500회 이상 리트윗된 글이며, 내용은 카톡 체인 문자 경고를 인용한 것"이라고 알려 줬다고 가정하자. 또한 일부 이용자가 "이거 예전에 돌던 거다, 사실이 아니다"라고 반박한 트윗들도 소개해 줬다면, 팩트체크 기사에 이를 언급할 수 있다.

만약 Grok 사용이 어렵다면, ChatGPT에게 "이런 유형의 괴담이 퍼질 때 사람들의 심리를 설명해 줘"라고 물어볼 수 있다.

AI는 "두려움을 자극하는 내용이라 공유 심리가 작동" 같은 일반론을 알려 주는데, 이는 기사 말미 해설에 활용 가능하다.

5) 전문가 조언 생성: 실제 기사에서는 경찰이나 심리 전문가의 코멘트를 넣으면 좋다. 경찰 입장은 이미 찾았고, 심리 전문가는 AI로 초안을 얻어 본다.

프롬프트: "괴담이 퍼질 때 대중 심리에 대해 범죄심리 전문가로서 한마디 조언을 해 줘." ChatGPT는 "확인되지 않은 정보를 믿고 퍼 나르는 것은 사회 혼란을 야기할 수 있으므로, 반드시 공식 경로로 사실 여부를 확인해야 한다"는 식의 모범답안을 주었다.

이를 기자가 다듬어 "전문가들은 '공포를 조장하는 메시지는 공유 전에 반드시 사실확인이 필요하다'고 조언한다"는 문장으로 기사에 넣기로 한다.

6) 팩트체크 결과 작성: 이 기사에서는 해당 카톡 괴담이 근거 없는 헛소문임을 독자에게 전달하는 것이 목적이다.

기사 구조는 다음과 같이 꾸린다. 먼저, "○○지역 맘카페와 SNS를 통해 '향수 종이 마취 납치' 글이 확산됐다"며 상황을 설명한다.

이어 "경찰에 확인한 결과 그런 사건은 접수되거나 확인된 바 없다"면서 공식 부인 입장을 명확히 한다.

해외 사례도 언급하여 "이 내용은 20여 년 전 미국에서 시작된 전형적인 도시괴담으로, 사실이 아닌 것으로 판명돼 왔다"고 부연한다. 그리고 "그럼에도 불안한 부모 심정에 의해 온라인에서 재확산된 것으로 보인다"는 분석을 덧붙인다.

마지막으로 전문가 조언 부분에서 "전문가들은 확인되지 않은 정보를 무분별하게 공유하면 불필요한 불안만 키운다며, 반드시 사실 검증을 거칠 것을 당부했다"는 내용을 넣는다.

제목은 "'향수 시향지 납치' 괴담 확산… 경찰 "사실무근"" 정도로 뽑았다. 이 사례에서 AI는 특히 유사 괴담의 히스토리를 신속히 알려 줌으로써 기자가 맥을 잡는 데 큰 도움을 주었다. Grok/ChatGPT를 통한 SNS 여론 파악, 전문가 의견 작성 지원까지 전 과정에 걸쳐 AI가 활용됐다. 초보 기자도 AI를 통해 단순 낭설임을 쉽게 입증할 자료를 확보하고, 독자가 안심할 수 있도록 충분한 근거를 제시하는 기사를 작성할 수 있다.

4. 사례: 문화 분야 - 유명인 발언 오역 바로잡기

1) 상황: 한류스타 A가 해외 매체와 인터뷰를 했는데, 그중 한 발언이 국내에 왜곡되어 전해졌다고 가정해 보자.

해외 원문 인터뷰에서 A는 농담 섞인 어조로 "I sometimes find K-pop fan culture a bit overwhelming"이라고 말했는데, 국내 일부 SNS에서는 이를 두고 "A가 한국 팬 문화가 부담스럽다고 비하했다"는 식으로 번역하여 논란이 됐다. 실제 의미는 그런 뉘앙스가 아니어서 바로잡는 팩트체크가 필요하다.

2) 원문 인터뷰 파악: 먼저 해당 해외 인터뷰 기사를 확보해야 한다. Perplexity에 A의 이름과 인터뷰 키워드를 검색하여 원문을 찾았다. 원문 내용을 번역해야 하는데, ChatGPT에게 통째로 번역시키기 전에 문제가 된 문장부터 확인한다.

ChatGPT에 "다음 영어 문장을 한국어로 정확히 번역해 줘: 'I sometimes find K-pop fan culture a bit overwhelming.'"라고 했더니, AI는 "때때로 나는 K팝 팬 문화가 다소 압도적이라는 생각이 든다"라고 번역했다. 이어서 "이 문장의 뉘앙스나 맥락"을 물어보니, AI는 "농담조로 말한 것이며, 팬들을 비난하려는 의도는 아니다"라고 부가설명을 했다.

3) 국내 보도/소셜 모니터링: 문제는 일부 커뮤니티에서 "비하했다"고 받아들였다는 점이다. 실제 왜곡이 어떻게 이루어졌는지 살펴보기 위해, 그 출처를 Grok이나 Perplexity로 찾아본다.

Perplexity에 한글로 "A 해외 인터뷰 한국 팬 문화 부담 왜곡" 등을 검색하니, 몇몇 블로그나 유튜브 채널이 자극적으로 해석한 사례가 나왔다. 내용을 보면 원문 뉘앙스를 과장하여 "팬 문화에 질렸다"는 식으로 표현한 것들이 있었다. 기자는 이들을 직접 인용하지 않더라도 왜곡 예시로 언급하기 위해 정리한다.

ChatGPT에 "사람들이 이 말을 비하로 오해한 이유를 추측해 줘"라고 하니 "'overwhelming'을 부정적으로 '버겁다/질린다'로 번역한 데서 오해가 발생한 것 같다"는 답변을 주었다. 이것이 팩트체크 핵심 포인트다.

4) 맥락 설명: 인터뷰 전체 맥락을 파악하기 위해, ChatGPT에 인터뷰 전문(또는 관련 단락들)을 요약시킨다.

그러면 AI는 "A는 팬 문화를 대단하다고 느끼면서도 감사하고 있다고 했다. 다만 가끔은 너무 뜨거운 응원에 놀랄 때도 있다는 취지였다" 등 전체 맥락을 알려 준다.

실제로 인터뷰 원문을 확인하니 A가 바로 다음 문장에 "I love my fans and their passion, it's just unbelievable sometimes."라고 덧붙인 게 보였다. 이것을 기사에 반영하면 좋다. AI 번역을 통해 "팬들의 열정이 놀랍다(love… unbelievable)"는 후속 발언도 정확히 옮겨 적는다.

5) A 측 공식 입장 여부: 혹시 이 논란에 대해 소속사나 A 본인이 언급한 게 있는지 찾아본다.

Perplexity에 "A 팬 문화 발언 해명"을 검색했지만 공식 해명 자료는 없었다. 대신 다른 언론에서 사실 왜곡이라며 해설 기사를 낸 것이 보인다. 기자는 그것도 참고하여, 다른 매체가 이미 정정보도를 한 상황이면 간략히 언급하고 본인 기사에서는 더 자세히 짚어 준다.

6) 팩트체크 결과 작성: 기사에서는 우선 "A의 해외 인터뷰 발언이 국내에 와전됐다"는 사실을 알린다. 원문 발언과 정확한 번역을 제시하고, 논란이 된 왜곡 버전을 비교한다.

예: 원문: "때때로 K팝 팬 문화가 약간 압도적이라고 느낀다" vs 왜곡된 해석: "한국 팬들한테 질렸다". 그리고 "맥락상 A는 팬들을 비하하려는 것이 아니라, 팬들의 열정이 엄청나다는 의미로 말한 것"임을 설명한다.

이를 뒷받침하기 위해 인터뷰에서 바로 이어진 A의 발언("자신의 팬들의 열정을 사랑한다")을 함께 소개한다. 또한 "압도적(overwhelming)"이라는 영어 단어가 부정적이라기보다 놀라움을 나타낼 때도 쓰인다는 언어적 설명도 곁들인다.

ChatGPT에게 "overwhelming 뜻 설명"을 받은 것을 토대로, 쉽게 풀어 "너무 대단해서 버겁게 느껴진다는 의미"라고 풀이한다. "근거 없는 왜곡이 온라인에서 확산되었지만 사실이 아니므로 팬들과 대중의 오해가 없길 바란다"는 메시지로 마무리한다.

제목은 "한류스타 A '팬 문화 발언' 오해… 알고 보니 '너무 대단하단 뜻'"으로 정했다. 이 사례에서는 AI의 번역 정확도와 맥락 파악 능력이 큰 힘을 발휘했다.

초보 기자라도 AI 번역을 활용해 해외 원문을 오역 없이 이해하고, 잘못 퍼진 번역과 비교하여 독자에게 사실 그대로 전달할 수 있었다. 또한 ChatGPT를 통해 언어적 뉘앙스까지 짚어 주어, 단순히 "사실 아니다"를 넘어서 왜 그런 오해가 생겼는지 친절히 설명하는 기사로 완성할 수 있었다.

5. 사례: 과학/IT 분야 - 과학적 합의 왜곡 주장 검증

1) 상황: 한 유튜브 과학 채널에서 진행자가 "기후변화가 인간 때문에 일어난다는 건 조작된 거짓말이다. 1970년대엔 지구 냉각화를 주장했는데 지금은 온난화라고 한다"라고 주장했다. 이는 과학적 컨센서스를 부정하는 대표적인 잘못된 정보로, 팩트체크 대상이다. 과학 분야 팩트체크는 전문 지식이 요구되지만, AI의 도움으로 핵심 자료를 찾아 확인해 보겠다.

2) 주장 내용 분석: ChatGPT에 이 주장을 요약하고 사실관계를 검토해 줄 것을 요청한다.

프롬프트: "어떤 사람이 '인간에 의한 지구온난화는 조작이다, 1970년대엔 오히려 지구냉각을 얘기했다'고 주장합니다. 이 주장에 대한

과학적 사실을 알려 줘."

AI는 "현재 과학계는 압도적으로 인간 활동이 기후변화의 주원인이라는 데 동의한다. 1970년대 냉각화 주장은 일부 과학 기사의 오해로, 당시에도 다수 연구는 온난화를 예측했다"라는 답변을 줬다. 또한 IPCC 등 권위 있는 보고서 언급과 함께 "조작된 거짓말이라는 주장은 음모론에 가깝다"는 설명도 나왔다. 이로써 기자는 과학적 합의는 인간기인설이 맞다는 방향을 확신했다.

3) 근거 자료 찾기: 팩트체크 기사엔 구체적 자료가 필요하다. Perplexity로 IPCC(유엔 기후변화에 관한 정부 간 패널) 보고서 내용을 찾는다.

"IPCC 인간 활동 지구온난화 근거"를 물어보니 Perplexity는 AR6(제6차 보고서) 요약에서 "인간의 영향으로 지구 평균기온이 산업화 이전 대비 약 1.1℃ 상승했다. 이는 확실하다"는 내용을 인용했다.

해당 문장을 기사에 쓰기 위해 정확한 워딩을 ChatGPT에 한글로 번역시켰다.

4) 1970년대 냉각화 논란 조사: 이 부분은 역사적 사실 검증이다.

Perplexity에서 "1970s global cooling myth"를 검색한다. 여러 자료 중 Nature 지에 실린 "1970s Cooling Myth" 관련 글을 찾았다. 거기에는 1965~79년 학술 논문 중 온난화 대비 냉각화를 예측한 연구는 소수였으며, 언론이 몇 건 부각시켜 대중의 오해가 생겼다는 내용이 있다.

ChatGPT에 해당 부분 요약을 부탁해 "1970년대 다수 과학자는 이미 온실효과로 온난화를 예상, 소수 의견이 냉각화를 제기했지만 미디어가 과장 보도했다"고 정리했다. 이는 기사에 써 줄 핵심 팩트다.

5) 전문가 견해 확보: 신뢰를 높이기 위해 국내 기후학자나 UN 공식 발언을 인용하면 좋다. AI에게 국내 전문 용어 번역이나 요약을 부탁해 볼 수 있다.

예를 들어 환경부나 기상청의 자료에 "인간 영향으로 인한 기후변화" 문구가 있다면 ChatGPT에 번역이나 해설시키기. 또한 전문가 견해를 가상으로 물어볼 수도 있지만, 가능하면 실제 인터뷰를 간략히라도 따는 게 좋다.

시간상 힘들다면 AI 생성 견해를 "전문가들은 ~라고 지적한다"는 식으로 쓸 수도 있겠지만, 이는 조심해야 한다.

6) 팩트체크 결과 작성: 기사에서는 다음과 같이 전개한다. 우선, "해당 채널 진행자의 주장"을 그대로 소개하고, 이어 "그러나 이는 과학적 사실과 다르다"고 밝힌다.

첫째, IPCC 등 공식 합의 내용으로 "인간이 배출한 온실가스가 지구 온난화의 주된 원인이라는 데 과학계는 만장일치에 가깝다"는 점을 명시한다.

둘째, 1970년대 냉각화 이야기에 대해 "당시에도 대부분 과학자는 온난화를 경고하고 있었고, 냉각화설은 일부에 불과했다. 오히려 언론이 '새 빙하기'처럼 선정적으로 보도한 것이 잘못 알려진 원인"이라고 설명한다. 이를 뒷받침하기 위해 1975년자 뉴스위크의 오류 보도 사례나 Nature 분석 내용을 간략히 언급한다.

셋째, 기후변화가 조작이라는 음모론에 대해서 "과학적 근거 없이 주장되는 음모론"임을 밝히고, 만약 진행자가 특정 음모론(예: '데이터 조작되었다' 등)을 제기했다면 그것도 반박한다.

AI에게 "기후 데이터 조작설에 대한 반박 근거 줘"를 물어 사용하니, AI는 "기후 데이터는 전 세계 수많은 기관이 독립적으로 수집하고 있으며, 서로 일관되게 온난화 추세를 보여 준다"는 논리를 주었다. 기사에 이를 참고해 한두 문장 추가한다.

마지막으로 국내 전문가 코멘트를 삽입한다면 "국내 ○○기상학회 누구누구 박사는 '이젠 기후변화의 원인은 논란의 대상이 아니라 어떻게 대응할지가 과제다'라고 말했다" 등으로 마무리한다.

제목은 "'인간이 지구온난화 유발'은 조작?…과학계 "명백한 사실"" 정도로 정했다. 이 사례를 통해 AI가 방대한 과학 정보를 소화해 핵심 근거를 수집하고, 전문적 맥락을 평이한 언어로 풀어쓰는 데 얼마나 유용한지 알 수 있다.

위와 같은 5가지 사례를 통해, 정치 · 경제 같은 데이터 검증부터 사회 · 문화의 소문 해소, 과학 분야의 전문지식 교정까지 AI를 활용한 팩트체크 프로세스를 살펴봤다.

핵심은 기자가 검증하고자 하는 바를 명확히 인식하고, 그에 맞는 AI 프롬프트를 적절히 구성하는 것이다.

AI는 정보를 찾아 주고 요약하고 비교해 주지만, 판단과 기사화는 결국 기자의 몫임을 기억해야 한다.

5

AI 활용한 팩트체크 제목 최적화 전략

디지털 뉴스 플랫폼의 이해

1. 네이버와 카카오 뉴스 플랫폼의 특성

네이버 뉴스는 국내 최대 디지털 뉴스 소비 창구로, 다양한 노출 경로를 제공한다. 뉴스 홈, 뉴스 스탠드, 실시간 검색어 연계 뉴스, 각종 분야별 섹션까지 복잡한 뉴스 생태계를 형성하고 있다.

네이버 뉴스는 개인화 요소와 비개인화 요소가 복합적으로 작용하는 알고리즘을 통해 사용자별 맞춤형 뉴스를 제공하는 특징이 있다. 이는 사용자의 과거 뉴스 소비 패턴과 현재 인기 주제를 종합적으로 고려하는 방식이다.

카카오(다음) 뉴스는 상대적으로 이슈 중심, 댓글 소통 중심의 생태계를 가지고 있다. '이슈 픽', '핫토픽' 등의 섹션을 통해 사회적으로 큰 반향을 일으키는 뉴스를 전면에 배치한다. 카카오는 특히 주제별 뉴스 클러스터링과 사용자 반응(소셜 임팩트)에 가중치를 두는 경향이 강하다.

두 플랫폼 모두 제휴 언론사 기사만 정식 뉴스탭에 노출되며, 일반 블로그나 개인 사이트는 직접적인 뉴스 노출이 어렵다. 따라서 제휴 언론사의 기자라면 플랫폼별 특성을 이해하고 최적화된 헤드라인을 작성하는 것이 중요하다.

2. 알고리즘 기반 뉴스 노출의 원리

네이버 뉴스 알고리즘은 4단계 과정을 통해 뉴스를 추천한다.

먼저 로그인한 사용자의 기사 소비 패턴을 분석하고, 4개의 추천 모델을 통해 추천 후보군을 생성한다. 그 후 다양한 요소(팩터)를 반영해 기사 순위를 결정하고, 최종적으로 이용자에게 맞춤형으로 노출한다.

이 과정에서 알고리즘은 실시간 이용자 선호도 예측, 자동화된 뉴스 품질 측정, 주요 이슈 감지 등 세 가지 요소를 핵심적으로 고려한다.

특히 '주요 이슈 감지'는 '많은 언론사가 공통적으로 다룬 사안'에 적용된다. 네이버는 "매일 생산되는 수많은 기사 중에서 많은 언론사가 공통적으로 다루는 주제의 기사가 있다"며 "이런 기사는 사용자의 평소 선호와 무관하게, 모두가 관심을 가지는 '주요 이슈'로 볼 수 있다"고 설명했다. 이는 주요 뉴스 토픽에 관한 기사를 작성할 때 공통 키워드를 헤드라인에 포함시키되, 차별화 포인트를 함께 제시하는 전략이 효과적임을 시사한다.

카카오 뉴스도 유사한 알고리즘 원리를 따르지만, 사용자 반응과 소셜 신호에 더 큰 가중치를 두는 특징이 있다. 댓글 수, 공유 횟수, 체류 시간 등이 기사 노출에 더 직접적인 영향을 미친다.

3. 뉴스 소비 패턴과 헤드라인 인식

디지털 환경에서 독자들은 정보를 '스캐닝'하는 방식으로 소비한다.

모바일 기기에서는 한 화면에 여러 헤드라인이 노출되며, 독자는 평균 3-4초 내에 클릭 여부를 결정한다. 이러한 짧은 의사결정 시간은 헤드라인의 첫 5-7단어(또는 한글 기준 7-10자)가 특히 중요함을 의미한다.

주목할 점은 모바일 환경에서 헤드라인의 가독성이다. 작은 화면에서 긴 헤드라인은 중간에 잘리기 쉬워 핵심 메시지가 전달되지 않을 위험이 있다. 네이버 모바일 기준으로 한글 20-25자 내외의 헤드라인이 최적 길이로 여겨진다.

또한 뉴스 소비 시간대에 따라 헤드라인 전략도 달라져야 한다. 출퇴근 시간대(7-9시, 18-20시)는 간결하고 핵심적인 헤드라인이, 저녁 시간대(20-23시)는 좀 더 깊이 있는 분석을 암시하는 헤드라인이 효과적이다.

네이버 · 다음 뉴스스탠드서 팩크체크 제목의 중요성

뉴스 플랫폼에서 제목(헤드라인)은 독자가 기사를 클릭할지 결정하는 첫인상이다.

특히 네이버 뉴스와 다음 뉴스스탠드에서는 수많은 기사 중 상단 노출 기회가 한정적이므로, 제목의 클릭률(CTR)과 독자 체류시간(머문 시간)이 매우 중요한 핵심 지표가 된다.

사실, 네이버 추천 알고리즘은 "클릭 수가 많고 체류 시간이 길면 좋은 기사"로 평가한다. 즉, 많은 사용자가 제목을 클릭해 본문에서 오래 머물면 알고리즘이 그 기사를 좋은 기사로 판단하여 더 상단에 노출시킨다.

검색 키워드 또한 중요하다. 네이버 뉴스 검색의 관련도순 정렬은 사용자의 검색어와 뉴스 제목·내용의 연관성을 고려하기 때문에, 제목에 주요 키워드를 포함하면 검색 노출이 높아질 수 있다.

네이버 뉴스스탠드(현재 '언론사 편집' 서비스)와 다음 뉴스스탠드는 모두 언론사 편집 및 알고리즘 추천을 혼합해 뉴스피드를 구성한다.

두 플랫폼 모두 사용자 관심사와 기사 품질 지표(클릭, 체류 등)를 반영하지만, 알고리즘 방식과 강조 요소에서 차이가 있다.

1. 네이버 추천 알고리즘에서 제목의 역할

네이버 뉴스는 AI 추천 알고리즘(AiRS)을 활용하며, 기사 선택에 영향을 미치는 다양한 피처(Feature)를 공개하고 있다.

그중 '품질 측정(QE) 모델'은 기사 제목, 본문, 이미지, 작성 시간 등 기사 문서 특성과 사용자의 피드백(조회수 · 체류시간 등)을 바탕으로 품질 점수를 계산한다.

제목은 그 자체로 기사의 정보량을 판단하는 요소가 되어 품질 점수에 반영된다. 제목이 너무 선정적이거나 본문과 동떨어지면 체류시간이 짧아져 품질 점수가 떨어질 수 있으므로, 제목과 본문 내용이 잘 맞아야 한다.

또한, 네이버는 개인화 추천(CF/CBF)과 비개인화(최신성 · 인기도 · 클러스터 · 소셜 임팩트 등) 모델을 활용하는데, '제목 키워드 선호도' 피처도 있다. 사용자가 자주 클릭한 기사 제목에 특정 키워드가 포함되어 있으면, 그 키워드가 포함된 다른 기사의 추천 점수가 올라간다. 반대로, 기사가 포함한 키워드에 대해 많은 사용자가 클릭했다면 그 기사는 개인화 추천 순위에서 우대받는다.

예를 들어, 어떤 사용자가 이전에 "헌법", "대통령 선거" 같은 키워드가 들어간 기사를 자주 본다면, 앞으로 제목에 "헌법"이나 "대통령"이 들어간 기사가 그 사용자에게 더 많이 노출될 가능성이 커진다.

최근 분석에 따르면 네이버는 "클릭 수가 많고 체류 시간이 길면 좋은 기사"라고 판단하며, 여러 언론에서 다루는 이슈는 더 중요한 기사로 여긴다. 제목을 통해 많은 클릭을 유도하고 독자가 내용을 충분히 읽도록 유도하면 알고리즘 평가에서 유리하다.

요약하자면, 네이버 뉴스 알고리즘은 제목 속 키워드와 사용자 반응(클릭 · 체류)을 함께 고려하여 노출 순위를 결정한다.

2. 다음 뉴스스탠드의 특징 및 차이점

다음(카카오) 뉴스는 탐독지수(DRI) 기반의 알고리즘을 도입해 체류시간을 중시한다.

다음 뉴스의 DRI는 기사 본문의 정보량(길이 · 이미지 등)을 고려해 예상 체류시간을 계산하고, 실제 체류시간과 비교하여 이용자의 유용성을 평가한다.

체류시간이 비교적 높을수록 해당 기사가 정보가 유익하다고 판단하여 상위에 노출한다. 이를 통해 단순히 자극적 제목으로 클릭만 많이 유도해도, 본문을 제대로 읽지 않고 떠나면 순위가 상승하기 어렵도록 설계되었다.

다음 뉴스 또한 군집화(클러스터링) 기법을 써서 주요 이슈를 발굴한다. 비슷한 내용의 기사들을 제목과 첫 문장 유사성으로 묶은 뒤, 묶인 기사에서 많이 등장하는 명사 키워드를 추출하여 해당 이슈를 도출한다.

그리고 여러 언론사가 해당 이슈를 보도하면 중요 이슈로 간주해 노출을 우선한다. 즉, 제목 키워드가 클러스터 형성에 직접 활용되고, 언론사의 편집 여부도 노출 우선순위에 영향을 준다.

요약하면, 네이버는 개인별 취향(구독·클릭 이력)과 기사 품질(QE) 및 최신성·인기도 등을 복합 반영하여 제목 키워드 선호도를 평가하고, 다음은 기사의 체류시간 지표(DRI)와 이슈 클러스터링을 통해 노출한다.

두 플랫폼 모두 제목에 사용된 키워드와 사용자 반응(클릭/체류)이 핵심 요소지만, 네이버는 개인화 추천과 품질 모델, 다음은 체류시간 기반 랭킹과 언론사 큐레이션 요소를 강조한다.

클릭률 · 체류시간 · 검색 키워드를 반영한 팩크체크 제목 작성 원칙

팩트체크 기사 제목의 최적화 전략은 크게 독자의 관심을 끌고, 검색에 잘 노출되며, 내용과 일치하는가에 초점을 둔다.

1) 간결성과 단순성: 짧고 단순한 제목일수록 클릭률이 높아진다는 연구 결과가 있다. 보도기사 제목은 통상 10자~20자 내외가 적당하다. 어려운 단어 · 낯선 외래어 대신 쉬운 일반어와 일상적 표현을 쓰고, 문장을 가능한 한 짧게 끊는다. 연구에 따르면 복잡한 제목보다 평범한 단어를 사용한 간단한 제목이 독자의 관심을 더 잘 끈다.

예를 들어 "대통령 선거 득표 동점 시 국회 선출"보다는 "대통령 득표 동점, 국회가 결정한다?"처럼 누구나 쉽게 이해할 수 있는 표현이 효과적이다.

2) 핵심 키워드 배치: 검색어와 연관된 핵심 단어를 앞쪽에 배치하면 검색 노출과 눈길을 동시에 끌 수 있다. 뉴스 제목에선 주제어와 인물·장소·이슈 키워드를 왼쪽에 두는 것이 좋다. 예를 들어 팩트체크 주제가 "대통령 선거 동표"라면 제목 앞부분에 "대통령", "선거" 등을 두는 식이다.

네이버 AI 추천에서도 "제목 키워드"가 사용자의 선호를 좌우하기 때문에, 자주 검색될 만한 단어(예: '대통령', '헌법', '선거')는 반드시 포함한다.

3) 자극적 문법과 어조: 독자의 시선을 잡기 위해 적극적인 어투와 구체적인 수식어를 사용한다.

예를 들어 능동태("A가 결정" vs "결정된다")나 강한 동사 사용으로 제목에 힘을 실을 수 있다. 또한 숫자, 대괄호, 느낌표 같은 시각적 요소도 도움이 된다(예: "[팩트체크]", "①②③" 등).

다만 팩트체크 기사의 경우 과도한 과장보다 정확한 정보를 예고하는 것이 신뢰도를 높인다. 연구에 따르면 단순성뿐 아니라 신뢰감도 중요하므로, 낚시성 표현보다는 정보를 정확히 전달하는 것이 권장된다.

4) 질문형 vs 단정형 제목: 질문형 제목은 독자의 호기심을 자극해 클릭을 유도하는 효과가 크다. (예: "~일까?", "~일까?" 형태)

반면 단정형 제목은 정보를 직접 전달하여 제목만으로 핵심 사실을 알려 준다.

팩트체크 기사에서는 종종 "~일까?"와 같은 질문으로 독자를 유입시키고, 기사에서 결론을 제시하는 패턴이 활용된다.

질문형은 클릭을 유도하지만, 너무 자주 사용하면 식상해질 수 있다. 단정형은 제목 그 자체로 신뢰감을 줄 수 있으나, 너무 길어지거나 진부해지면 클릭률이 낮아질 수 있다. 주제와 독자층에 맞춰 두 형식을 적절히 선택하되, 팩트체크임을 분명히 하고 핵심을 전달하는 것이 중요하다.

5) 시의성 · 검색 키워드 반영: 최근 이슈나 검색량이 많은 키워드를 제목에 포함해야 한다. 뉴스는 시시각각 변하는 이슈와 관련성이 중요한데, 사안의 시의성을 제목에 담으면 검색 유입과 함께 독자의 관심을 끌 수 있다.

예를 들어 선거 관련 팩트체크라면 "대선", "투표일" 등 시기적인 키워드나 현안 단어를 활용한다.

네이버 검색 관련도순에서도 사용자가 입력한 검색어와 뉴스 제목 간 관련도를 평가하므로, 해당 사건이나 의문을 표현하는 질문어(예: 어떻게, 왜, 언제)나 사건 키워드를 포함하면 노출 상승에 도움이 된다.

6) 내용과의 부합성 확인: 마지막으로 제목은 반드시 본문 내용과 일치해야 한다. 낚시성 제목은 단기적으로 클릭을 올릴 수 있어도, 실

제 체류시간이 짧아져 알고리즘 순위에서 불리하다.

팩트체크 기사는 사실을 바로잡는 목적이므로, 제목에서 자극보다는 정확한 사실 확인을 예고해야 한다. 예를 들어 "국회 선출?"과 같이 의문부호를 사용한다면, 기사에서 헌법 조문(제67조)을 제시하여 확실한 사실을 알려 준다. 이처럼 제목과 본문이 깔끔히 매칭되면 독자의 신뢰가 높아지고 체류시간도 자연히 늘어난다.

팩트체크 제목 실패 사례 분석 및 교훈

팩트체크 기사 작성 과정에서 피해야 할 제목 실수도 살펴보자.

1) 정보와 동떨어진 낚시성 제목: 제목에 과장된 수식어나 클릭을 유도하는 단어만 넣고, 본문 내용과 연관성이 적으면 방문자는 금방 이탈한다.

예를 들어 "대통령 선거 투표 전체 공개가 안 된다는 충격적 진실" 같은 제목은 조회수는 올릴 수 있어도, 본문이 이를 뒷받침하지 못하면 체류시간이 짧아져 오히려 플랫폼 노출에서 불리하다. 팩트체크 기사에서는 특히 과도한 자극어를 삼가고 사실 전달에 집중해야 한다.

2) 핵심 키워드 누락: 예를 들어 "득표 동점, 결국 ○○?"처럼 제목에서 "대통령", "선거" 같은 주제어를 빼 버리면, 검색엔진 입장에서 관련

키워드가 부족하여 노출 기회가 줄어든다. 가능한 주제어는 반드시 제목에 포함시키자.

3) 너무 일반적이거나 모호한 제목: "알아두면 득이 되는 투표 상식" 처럼 구체성이 떨어지는 제목은 클릭을 모으기 어렵다. 특히 팩트체크는 전문 정보를 다루므로, "팩트체크" 라벨 등을 달아 독자에게 차별점을 명확히 알리는 것이 좋다.

4) 긴 제목에 핵심 뒤로 밀림: "헌법을 알아보는 온라인 강연과 함께 하는 대통령 선거 동점 규정"처럼 너무 길거나 부제목이 주제에 비해 무겁게 붙으면, 핵심 메시지가 묻히기 쉽다. 제목은 짧게 한정하고, 부제가 필요하면 ":" 또는 "-"를 이용해 보조 설명을 덧붙이는 것이 낫다.

5) 의문부 사용 남발: "~일까?"를 무분별하게 사용하면 눈에 잘 띌지 몰라도, 반복되면 신뢰를 떨어뜨릴 수 있다. 특히 여러 기사가 비슷한 질문형 제목을 경쟁적으로 쓰면 사용자가 피로감을 느낄 수 있다. 반드시 필요하거나 톤&매너가 맞을 때에만 활용하자.

6) 타이틀 카피와 본문 불일치: 제목과 부제목을 다르게 제작하여 클릭한 독자가 기대한 내용이 본문에 없을 경우, 체류시간이 급격히 떨어진다. 네이버 QA에서도 "제목이 과장 · 왜곡되면 사용자 만족도

에 부정적 영향을 끼친다"고 안내하고 있다. 항상 제목과 본문 메시지를 정확히 일치시킬 것.

이러한 실패 사례로부터 알 수 있는 점은 제목은 오히려 전략적으로 검증돼야 하는 콘텐츠라는 것이다. 제목 작성 후에는 반드시 편집자나 다른 기자에게 피드백을 받는 등 브레인스토밍 과정을 거쳐야 낭비를 줄일 수 있다.

팩트체크 기사의 제목은 단순한 한 줄 이상의 의미를 가진다. 클릭률(CTR)과 체류시간을 높이는 매력적인 제목을 써야 네이버·다음 뉴스스탠드에서 상단 노출 기회를 얻을 수 있다.

이를 위해서는 네이버 알고리즘이 작동하는 원리(QE 모델, 키워드 선호도)와 다음의 DRI 기반 랭킹을 이해하고, 제목에 핵심 키워드와 시의성을 담는 것이 중요하다. 또한 쉬운 단어와 간결한 문장 구조를 사용하면 클릭을 높일 수 있다는 연구 결과도 참고해야 한다.

요약하면, 훌륭한 제목 작성 매뉴얼은 다음과 같다.

1) 기사 내용의 핵심 키워드와 정보를 전면에 배치하고, 시의성 있는 단어를 포함한다.

2) 제목의 형식(질문형/단정형)을 전략적으로 선택하여 클릭을 유도하거나 정보를 전달한다.

3) 숫자·기호·브랜드 표기(팩트체크, [단독] 등)로 시각적 효과를

준다.

4) 과장이나 모호함을 피하고, 기사 본문과 완벽히 일치하도록 제목을 작성한다.

5) 작성한 제목을 체크리스트와 비교하며 검토한 뒤 최종 확정한다.

위 원칙과 사례를 참고하여 실전에서 제목을 작성한다면, 독자의 눈길을 사로잡는 동시에 네이버·다음 플랫폼의 추천 조건을 충족하는 최적화된 헤드라인을 만들 수 있다.

독자들이 제목을 통해 궁금증을 느끼고 기사를 클릭해 들어와 머무르는 경험이 쌓일수록, 해당 기사는 포털 뉴스스탠드에서 더 높은 노출 기회를 얻는다.

진실을 지키는 마지막 보루는 사람이다

팩트체크는 뉴스 산업의 기술 혁신이 아니라, 저널리즘의 본질에 대한 복원의 노력이다.

언론이 존재하는 이유는 단지 '사건을 전달하는 것'뿐만 아니라, '무엇이 사실인가'를 책임지고 설명하는 것도 있기 때문이다.

이 책을 집필하며 나는 자신에게 다시금 묻게 된다. 우리는 사회 현안에 대해 얼마나 치열하게 의심하고, 증명하고, 설명하고 있는가? 그리고 우리는 진실을 기다릴 인내심을 가지고 있는가?

팩트체크는 호흡이 긴 싸움이다.

클릭 수의 유혹, 즉각적인 반응을 요구하는 시장, 감정에 호소하는 정치의 언어 앞에서, 팩트체크는 종종 불리한 위치에 놓일 수밖에 없다.

그럼에도 불구하고 우리는 팩트체크를 위한 싸움을 포기할 수 없다. 진실은 느릴지언정 반드시 도착하기 때문이다.

앞으로 팩트체크는 고도화된 기술과 결합하고, 더 넓은 시민의 참여를 요구하게 될 것이다. AI가 초안을 쓰고, 독자가 실시간으로 반론을 제기하며, 알고리즘이 확산을 조절하는 시대. 하지만 그 시대에도, 진실을 '판단'하는 최종 주체는 인간이어야 한다.

팩트체크는 기술이 아니라 태도다.

질문하고, 확인하고, 책임지는 이 일련의 행위는 민주주의 사회를 가능하게 하는 기본 조건이다. 그리고 이 조건을 성실히 지켜 내는 언론만이 신뢰를 얻을 수 있다.

팩트의 힘은 곧 언론의 힘이다.

이 기본을 무시하는 기자나 언론은 오래 갈 수 없다. 팩트를 확인하고 또 확인하는 작업에 심혈을 기울일수록 그 기사의 사회적 울림은 더 크고 강하게 된다.

팩트체크라는 진실의 방패를 들고 싶은가. 그렇다며 성실, 끈기, 인내 그리고 굴하지 않는 마음을 가지고 앞으로 나아가길 바란다. 바로 그 앞에는 진실이 있기 때문이다.

팩트체크의 힘

초판 1쇄 발행 2026년 1월 12일

지은이 심재훈
펴낸이 이기봉
편집 좋은땅 편집팀
펴낸곳 도서출판 좋은땅
주소 서울특별시 마포구 양화로12길 26 지월드빌딩 (서교동 395-7)
전화 02)374-8616~7
팩스 02)374-8614
이메일 gworldbook@naver.com
홈페이지 www.g-world.co.kr

ISBN 979-11-388-5282-1 (03300)

• 가격은 뒤표지에 있습니다.

• 파본은 구입하신 서점에서 교환해 드립니다.